Le Livre d'Or

DES COMBATTANTS

de la Ville

et du Canton

de

Vic-Bigorre

PAR

FERNAND DE CARDAILLAC

Président de Section honoraire

au Tribunal civil de la Seine

Chevalier de la Légion d'honneur

TARBES

Imprimerie LESBORDES — 8, rue Péré, 8

—

1920

LE LIVRE D'OR DES COMBATTANTS

DE LA VILLE ET DU CANTON DE VIC-BIGORRE

Le Livre d'Or

DES COMBATTANTS

de la Ville

et du Canton

de

Vic-Bigorre

PAR

FERNAND DE CARDAILLAC

Président honoraire

au Tribunal civil de la Seine

Chevalier de la Légion d'honneur

D'après la plaquette de « *La Croix de Guerre* ». (Propriété de la Monnaie.)

TARBES

Imprimerie LESBORDES — 8, rue Péré, 8

1920

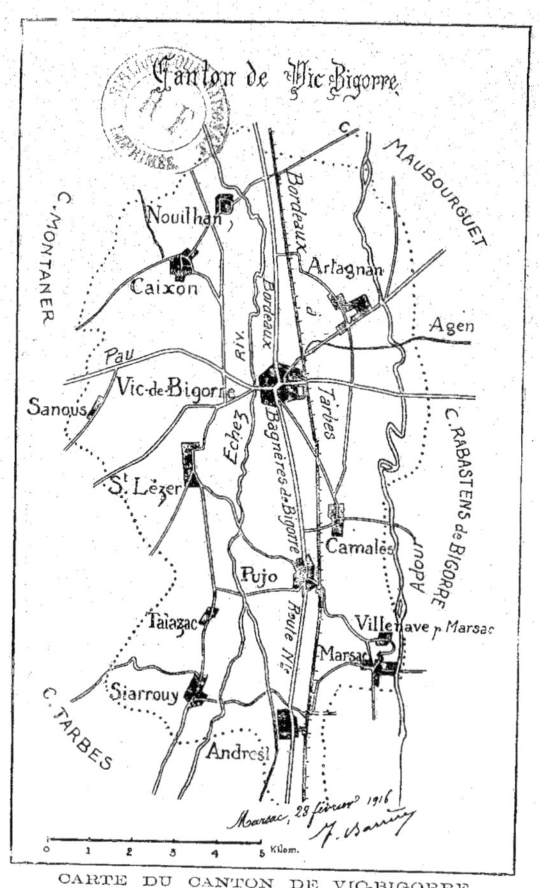

CARTE DU CANTON DE VIC-BIGORRE

Dressée par M. Barrère, instituteur à Marsac.

INTRODUCTION

Les Romains, nos maîtres à tant d'égards, avaient coutume de graver dans la pierre les noms des héros dont ils voulaient honorer la mémoire ou les hauts faits qui devaient porter à travers les générations le témoignage de la grandeur de l'Empire. Les peuples civilisés d'aujourd'hui ont suivi leur exemple et l'invention de l'imprimerie leur a permis de renchérir sur cette tradition. A côté des monuments commémoratifs proprement dits nous avons le Livre, plus explicite, plus intime aussi et plus *universel*, sorte de reliquaire toujours à notre portée et où nous pouvons puiser cet aliment précieux à nos âmes : les grands souvenirs générateurs de force, de foi et d'espérance.

C'est un ouvrage de cette sorte que nous vous avons proposé, et que nous vous présentons aujourd'hui. Dans le *Livre d'Or des combattants de la ville et du canton de Vic-en-Bigorre,* l'on trouvera la liste de nos compatriotes morts pour la France; les noms des grands blessés et des réformés de la guerre; ceux des braves qui ont été cités et décorés durant la campagne; enfin la longue série des prisonniers emmenés en captivité en Allemagne.

Mais si notre reconnaissance va, tout d'abord, à ceux dont le sacrifice fut total ou apparaît plus complet, nous n'avons garde d'oublier les noms des hommes de notre canton qui, à l'appel de la Patrie, ont risqué également leurs vies, exposé leur santé, ou même, simplement, consacré toutes leurs forces et

2

tout leur temps à l'effort sauveur. Nous n'ignorons pas non plus que l'inégalité du sort a pu créer des inégalités dans la récompense et que tel acte d'héroïsme, digne de toutes les citations, peut n'avoir eu, comme témoins, qu'un coin isolé de tranchée ou les ombres de la nuit.

Une partie nouvelle de notre tâche est donc d'essayer de mettre en lumière le côté obscur de la vie des nôtres au front, — tout le quotidien de l'héroïsme, où éclate du reste, souvent, la beauté d'un geste ou le sublime d'un acte ignoré. Pour cette raison, nous avons pensé qu'un supplément au *Livre d'Or* s'imposait. Outre les noms de tous les mobilisés du canton, ce Livre nouveau comprendra les Feuilles de route et les belles et réconfortantes lettres qui nous furent écrites, en des temps mémorables, face à l'ennemi.

Ce 2ᵉ volume sera un nouveau témoignage de cette solidité morale, souvent même de cet entrain, de cette crânerie qui, pour être françaises, n'en sont que plus gasconnes, et auxquelles nous devons la victoire.

Livre d'Or et *Livre des Mobilisés,* — sur la première page duquel un « Poilu » de Mahut montera la garde, la pipe aux lèvres, — feront éclater le mérite de notre coin de terre, qui n'a pas marchandé le plus pur sang de ses enfants à la grande lutte dont l'enjeu était notre Patrie, et, par delà notre Patrie, l'avenir du monde entier.

Oui, vous avez été, chers amis, la personnification de la France sous les armes; vous avez été notre juste orgueil, notre réconfort aux heures d'angoisse, à nous qui n'avons pu que vous suivre par le cœur, espérer en vous et vous admirer.....

Une fois de plus, ces Livres attesteront que la Bigorre est une des terres classiques de l'héroïsme et que le troupier français, surtout doublé d'un gascon, est le premier soldat du monde. Ils seront la magnifique preuve que, en face des hordes barbares, vous avez été, tous, les Légionnaires de l'Idéal, pour la cause de la Liberté, du Droit, de la Civilisation, pour le triomphe de notre Patrie immortelle.

*
* *

L'appel de la France en danger a mobilisé environ 1.100 hommes du canton. Chacun d'eux a suivi sa destinée : elle aura été douloureuse aux uns, à d'autres particulièrement glorieuse. Pour tous elle aura été celle qui mène au plus haut Devoir. Les nécessités soudaines d'une guerre, unique entre toutes, appelaient à la défense du pays les forces vives de la nation. D'un geste magnifique, rejetant loin de votre sensibilité tout ce qui fait le charme des plus humbles vies, le foyer, les vieux parents, la femme, les enfants, vous vous êtes dressés ; et d'un élan, le cœur plein d'enthousiasme sacré, vous avez répondu : « Présent !... » à l'appel de la France.

Premier sacrifice auquel on devait mesurer la capacité d'héroïsme, la grandeur de vos âmes ; car il n'y a plus seulement là cette noble servitude qui est celle du soldat dans la vie ordinaire, il y avait cette acceptation totale qui comporte, au besoin, l'immolation. Du même coup vous acceptiez, à la place de votre liberté, de vos aises, de votre sécurité, non seulement tout ce que nous savons déjà de votre héroïsme, c'est-à-dire l'enfer des batailles modernes, mais aussi les longues et dures fatigues de la vie des tranchées ; les jours sans enthousiasme qu'aggravaient le froid, la pluie, la neige ; les nuits traîtresses et sans sommeil ; les pieds dans l'eau ou dans la boue collante des boyaux, bref, toute la misère d'une vie primitive, sans cesse menacée par les plus terribles et les plus meurtrières inventions de l'homme civilisé.

Un collaborateur du *Temps* a, un jour, écrit cette juste phrase :

« A vivre avec la mort qui rôde, on se fait un cœur simple et grave, — le cœur des héros ».

Ce n'est pas en vain, mes chers amis, que votre vie guerrière vous l'aura fait, ce cœur simple et grave. Il est l'héritage de vos heures tragiques, de vos heures de peine et de renoncement. Il vous reste, comme une croix d'honneur, ce cœur dont vous ne voudrez plus démériter dans les douceurs, parfois amollissantes, de la paix ; et c'est la plus belle croix peut-être, celle qu'on ne doit qu'à soi seul et qu'on a conquise, jour par jour, à force de sacrifices obscurs, de souffrances longuement supportées, de tout ce qui, pour Napoléon le Grand, égalait en mérites une action d'éclat et donnait autant de droits qu'elle à l'Étoile des braves.

Ainsi, nos compatriotes, du plus humble au plus glorieux, auront-ils mérité de la petite Patrie. Et, tous retrouveront un peu d'eux-mêmes dans ce commun trésor de notre région où nous allons puiser des joyaux dont les artisans ingénus ne supposaient ni la grandeur, ni la beauté.

*
* *

Les postes d'honneur et de sacrifices, si fièrement et si allègrement acceptés par les combattants du canton de Vic, comportaient souvent, avec les durs labeurs et les rudes épreuves du moment, l'incertain terrible du lendemain.

Beaucoup de vos frères d'armes, hélas! ne sont pas revenus. Leur souvenir pourra serrer les cœurs, mais il y vivra ineffaçable pour tous. Ne sont-ils pas morts pour la France, faisant l'admiration du monde, comme, il y a huit cents ans, Roland et ses Paladins tombèrent à Roncevaux en murmurant son doux nom?

Généreux sang des martyrs de la Patrie! C'est lui qui fécondera l'avenir. Il sera la sève vivifiante à travers les rameaux neufs de notre grandeur nationale. Et c'est grâce à lui que se maintiendra à jamais cette belle *Union sacrée,* que, dès le mois d'août 1914, le premier élan de notre patriotisme jeta, en souffle irrésistible, sur le pays tout entier. Souvenez-vous de ces heures d'une gravité presque mystique où tous, du plus haut au plus humble, nous avons senti passer en nous le frisson des déterminations héroïques; où, dans toutes les villes, dans tous les villages de France, les tambours et les cloches ont annoncé un des plus tragiques événements de l'histoire du monde, dont les âmes acceptaient, d'un coup, de prendre la magnifique responsabilité devant l'avenir.

Souvenez-vous-en. Dans un même esprit, d'une seule âme, la France fut debout. Il s'agissait pour elle, dans cette lutte, du salut de son existence et du sort de la liberté du monde.

Pendant de longs mois, elle est restée une et indivisible; — pendant de longs mois, tous les Français, sous les obus et la mitraille, officiers et soldats, bourgeois et paysans, ouvriers et nobles, prêtres, fonctionnaires, instituteurs, riches et pauvres, tous indistinctement, ont lutté côte à côte; — unis dans l'effort quotidien et le partage du danger. Nous avons été sauvés par l'unanimité de cette défense, par la concentration de toutes les forces, l'adhésion de toutes les âmes.

Est-il possible que cette union, cimentée par le plus pur de notre sang, ne survive pas à la tourmente? Non. Désormais, doit régner un esprit nouveau, élargi, vivifié par le grand souffle de fraternité, venu des tranchées! Les adversaires cesseront de se traiter en ennemis, car une telle union n'implique pas l'abdication des idées et des croyances, puisqu'il ne s'agit ici que de l'union des cœurs dans la diversité des sentiments et des opinions.

Cette union-là, si nouvelle et si digne d'un grand pays de liberté, nous la devons, mes chers amis, à nos chers disparus; nous la devons à nos braves mutilés que votre équité, votre compassion reconnaissante essaieront de dédommager de leur trop lourde part dans le sacrifice de la Rédemption.

Nous la devons à tous les blessés moins atteints qui nous revenaient des confins de la mort, toujours impatients de repartir pour les régions de la lutte. Nous la devons à vous tous, à nous-mêmes aussi, que l'âge ou des circonstances majeures retenaient au pays loin des dangers immédiats, mais qui avons souffert de vos souffrances et vécu des mêmes espoirs.

Notre chère Patrie Pyrénéenne restera à jamais *une,* comme elle le fut à l'heure glorieuse, comme elle l'a été dès le premier jour de la mobilisation.

***

Dans la grande lutte, vous avez été dispersés un peu partout, dans divers corps de troupes et sur différents théâtres des hostilités. Plus nombreux dans certaines unités, vous avez eu la joie de vous retremper, pour la noble besogne, dans le réconfort de vieilles amitiés, parmi de bons camarades qui étaient de vaillants « poilus ». Pendant les heures de combat vos âmes vibraient fraternellement avec celles de vos amis. Aux moments de calme, il y avait la détente plus bienfaisante encore que le repos du corps ; vous évoquiez ensemble, tous émus, les horizons de la Bigorre, la maison qui vous a vu naître, le jardin qui a reçu l'empreinte de vos premiers pas, le paysage où se sont fixés vos premiers rêves, et enfin, les tombes de vos chers disparus, auprès desquelles vous espériez bien que, malgré tout, prendrait place un jour la vôtre.

Et dans vos lettres, — relevées dans le second volume, — nous trouvons la preuve que votre bravoure fut faite de raison, de grandeur d'âme, de sentiment du devoir ; car, si vous luttiez pour sauvegarder le sol de la Patrie, — par dessus les berceaux et par delà les tombes, — vous aperceviez quelque chose de plus noble, de plus élevé encore à maintenir : le Droit, la Justice, la Civilisation, la Liberté, dont vous vous sentiez les dépositaires et les défenseurs. Aussi, vous avez donné au monde le plus bel exemple d'abnégation et d'élévation morale, — tout en luttant pour ce qui constitue le foyer des traditions, des souvenirs et des espoirs, — tout en vous sacrifiant enfin pour quelque chose de très haut, de très pur, l'âme d'un peuple, l'âme de la France, l'âme de la Patrie.

Nous vous le demandons, chers amis, est-ce que d'un pareil accord, d'une pareille fraternité d'armes, de sentiments, de pensées comme celles que nous évoquons ici, il pourrait ne rien subsister après l'épreuve ? Est-ce que des liens, scellés dans le dévouement de tous à la grande cause, dans les services quotidiens d'homme à homme, dans le sang aussi. hélas ! peuvent être brisés dans l'oubli ? Non ! C'est là une conclusion qui nous semble inadmissible et nous avons le plus ferme espoir que cette grande harmonie qui s'est établie entre vous dans la lutte, vous suivra durant tous les jours de votre vie…, et, mieux encore, qu'elle vous survivra dans vos enfants !

Et ainsi, grâce à vous, nous n'en pouvons douter, s'établira cette paix intérieure dont nous avons tous soif : nous la devrons à vos unanimes efforts.

Efforts magnanimes, par lesquels, — à jamais écrasée la Barbarie, — se fondera la grande paix française intérieure qui, jointe à la paix mondiale, permettra à notre petite Patrie comme à la grande de panser ses blessures et de se lancer avec ardeur dans l'arène des luttes économiques où jamais le sang ne coule et où l'on recueille à pleines mains les splendides trésors d'espérance, de force et de renaissante grandeur.

CHAPITRE PREMIER

Morts pour la France

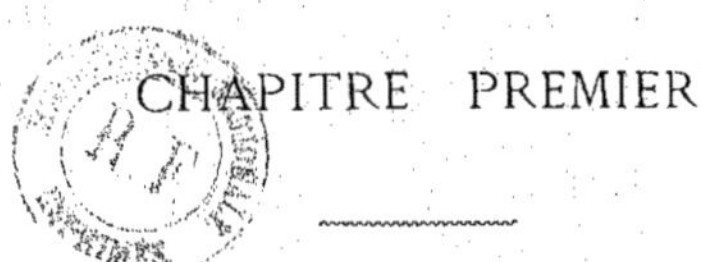

PRÉFACE

« *Nul n'est au-dessus de l'homme*
qui donne sa vie. »
BOSSUET.

EBOUT LES MORTS !... Ce cri poussé dans la tranchée en une heure désespérée, ce cri spontané et définitif comme ceux que l'Histoire se plaît à inscrire sur l'airain, est le cri, l'invocation anonyme d'une race qui croit et qui espère...

Car, vous vivez encore, ô Morts, vous qui avez fait une vertu du sacrifice de vous-mêmes, vous qui dans nos cœurs reconnaissants restez debout à jamais, chers morts !

Pourtant nous voudrions que quelque chose de plus concret qu'un sentiment, — si fort soit-il, — témoignât de la piété que nous gardons à leur grand souvenir ; nous voudrions, en des pages sobres mais vivantes, conserver le reflet de leur héroïsme et en consacrer l'éclat.

C'est pourquoi les noms de nos Morts pour la France doivent rayonner au fronton de ce *Livre d'Or,* en figurant dans son premier chapitre qui sera, en quelque sorte, un reliquaire des âmes et un tabernacle des souvenirs.

J'ai voulu que ces absents revivent dans nos pensées, demeurent parmi nous ; j'ai eu l'ambition de les imposer à la mémoire et à la reconnaissance des générations à venir... Tâche qui serait bien lourde si leurs hauts faits ne parlaient pour eux, ne mettaient à la disposition de ma plume et de mon cœur une matière sublime.

Puissent les générations à venir écouter la leçon éloquente qui se dégage de ces pages, réunies pour la glorification des plus hautes vertus ! A les feuilleter, elles comprendront mieux comment on doit vivre pour la Patrie et le Devoir, et comment, pour l'une ou l'autre, on doit savoir mourir.   3

Conscient de participer, ainsi, dans la mesure de mes forces à un acte d'amour et de gratitude, je ne puis mieux faire, pour animer, d'un souffle venu de la tranchée, les pages qui vont suivre, que de reprendre le cri : *Debout les Morts !...*

Oui : afin que l'âme de nos frères tombés au champ d'honneur vienne en quelque sorte doubler celle des vivants, afin que leurs familles soient visiblement ennoblies par la gloire de leur deuil, encore une fois : *Debout les Morts !...* De même que vous vous étiez, au premier appel, dressés hors de la tranchée, il faut maintenant que vous vous dressiez hors de la tombe, debout à jamais sur l'horizon français : *Debout les Immortels !...*

VIC

CAZAUX Georges
72e Régt d'Inf. Coloniale 3e Cie
D le 22 août 1914 à St-Vincent (Belgique)
retraite de Charleroi.

DESMOULINS Pierre-Romain
212e Régt d'Inf. 24 Cie
† le 6 septembre 1914 à Champenoux
(M.-et-M.)

DURDOS Germain
83e Régt d'Inf., 4e Cie
† le 22 août 1914 à Bertrix (Belgique).

NIÈRES Joseph
212e Régt d'Inf. 24 Cie
† le 8 septembre 1914 à l'ambulance
de l'École des Beaux-Arts, Nancy
suite de ses blessures reçues le 6
à Champenoux.

SOLANO Paul-Désiré
88e Régt d'Inf. 10e Cie, 3e sou mitraille
† le 22 août 1914 à Charleroi.

SOULEZ Marie-Auguste
83e Régt d'Inf., 3e Bat., 5e Cie
† le 14 septembre 1914 à Pertes-les-Hurlus.

DELUC Prosper
18e Régt d'inf., 12e Cie
D le 16 septembre 1914 à la Ville au Bois.

CAMBOUÉ Pierre
18e Régt d'Inf. 5e Cie
† du 21 au 23 septembre 1914,
à Oulches, canton de Craonne.

LARROUY Albert
12e Régt d'Inf., 1er Bat., 1re Cie
D le 21 septembre 1914 à Oulche (Aisne).

NOGUÈS Léon dit Coquel
18e Régt d'inf., 2e Cie
† le 25 septembre 1914 à Oulches,
canton de Craonne (Aisne).

CAPMARTIN Isidore-Amédée
Caporal au 283e Régt d'Inf. 20 Cie
† le 24 septembre 1914 au combat
de St-Rémy (Meuse).

BELLAN Jean
12e Régt d'Inf., 3e Bat., 11e Cie
† le 22 septembre 1914 à Craonne,
suite de ses blessures.

ADASSUS Jacques-Joseph
Sergt au 144e Régt d'Inf. territ., 11 Cie
† le 12 octobre 1914
à Noyelles-les-Vermelles (P.-de-C.)

CLAIRE Louis
Capitaine au 29e Régt de Dragons
† le 5 octobre 1914 à Bully (Pas-de-Calais).

LARCADE Paul-Abel
212e Régt d'Inf., 22e Cie
† le 22 octobre 1914, blessé prisonnier
à l'Hôpital de Stuttgart.

DOURS Paul
12e Régt d'Inf., 11e Cie
† le 18 octobre 1914 à Glennes (Aisne)
suite de ses blessures.

HERROU Louis
Caporal au 7e Régt d'Inf. colon., 4e Cie
† le 19 décembre 1914
dans les Vosges.

HOURCADE Marcelin
212e Régt d'Inf., 1re Cie
† le 7 décembre 1914 à Champenoux
(M.-et-M.)

BOUCHÉ VICTOR
283e Régt d'inf. de rés., 6e Bat., 22e Cie
D le 22 août 1914, au combat d'Eton.
† le 1er mai 1915 en Allemagne,
où, blessé, il avait été emmené prisonnier.

BONNECARRÉRE SYLVAIN-JOSEPH
14e Régt d'Inf., 3e Cie
D le 22 décembre 1914 à Perthes-les-Hurlus.

CATALY JEAN-MARIE
37e Régt d'inf. colon., 20e Cie
† le 30 mars 1915
à l'Hôpital de Raon-l'Etape (Vosges)
suite de ses blessures.

JOSSUÉ ÉVARISTE
88e Régt d'Inf. 11e Cie
† le 27 décembre 1914 à Perthes-les-Hurlus.

DAVEZAC JEAN-MARIE
88e Régt d'Inf., 12e Cie
† le 9 mai 1915 à Roclaincourt (P.-de-C.)
suite de ses blessures.

BELLAN LOUIS
88e Régt d'Inf., 11e Cie
D le 9 mai 1915 à Roclaincourt
(P.-de-C.)   4

LAFENETRE Charles
7e Régt d'Inf. col., 3e Cie
† le 16 mai 1915
à Ville-sur-Tourbes (Marne).

GRATENS François
174e Régt d'Inf. 1re Cie
† le 23 mai 1915 à N.-D. de Lorette (P.-de-C.).

LARROUYAT Philippe
144e Régt d'Inf. territorial, 15e Cie
† le 23 mai 1915 à Vic
de maladie contractée au service.

MANAUTHON Fernand
Sergent au 174e Régt d'Inf., 8e Cie
† le 23 mai 1915 à N.-D. de Lorette
(P.-de-C.)

LAFFORGUE Oscar
Caporal à la 18e section d'Infirmiers
† le 27 mai 1915 à Fismes (Marne).

LACOUR Joseph
174e Régt d'Inf., 9e Cie
† le 26 mai 1915 à Hersin-Compigny
(P.-de-C.).

TREY Clément-Jean-Marie
175e Régt d'Inf., 3e Bat., 9e Cie
Corps expédit. d'Orient
D le 4 juin 1915
dans la presqu'île de Gallipoli.

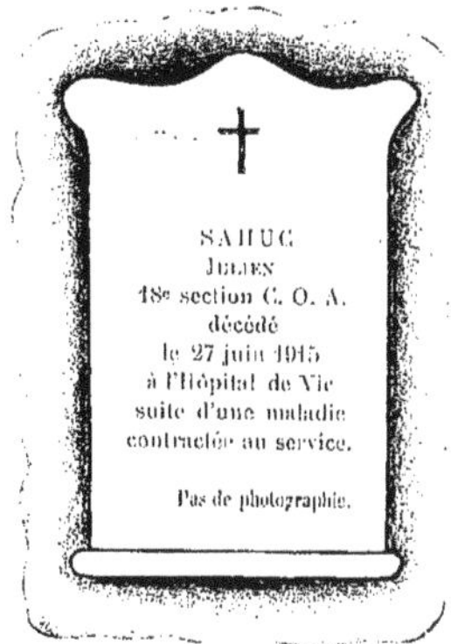

HERROU Sylvain
Caporal au 12e Régt d'inf., 6e Cie
† le 31 septembre 1915 à Meurival (Aisne).

FRANCE Marcelin
159e Régt d'Inf. 1re Cie
† du 15 au 20 juin 1915 à Souchez

PÉRÉ Baptiste
176e Régt d'Inf., 12e Cie
† le 21 juin 1915 à Seddue-Bahu
presqu'île de Gallipoli.

LAPORTE Fernand
83e Régt d'Inf.
† le 1er novembre 1915
suite d'une maladie contractée
au service.

DULOR Paul.
Brigadier de la Garde Républicaine
promu lieutenant au 81e Régt d'inf. territ., 2e Cie
† le 21 novembre 1915 à Wailly (P.-de-C.).

SYRMEN Léo
Soldat interprète
† le 7 janvier 1916 à l'Hôpital d'Albi.

CHANQUET Joseph-Pierre
412e Régt d'Inf., Cie de Mitrailleurs
† le 20 janvier 1916 à Minaucourt
(Meuse).

FITTE Pierre-Pascal, dit Cassagnol.
42e Régt d'Inf., 9e Cie
† le 29 février 1916 à Vaux (Meuse).

LUBET Abel.
8e Régt du Génie
2e Groupe de Q.G. D.E.S., 3e Cie
† le 22 février 1916 à Bar-le-Duc.

PÉRÈS Jean
15e Régt de Dragons, 5e Escadron,
versé 153e Régt d'Inf., 11e Cie,
1er Groupe de réserve
† le 9 mars 1916 devant Verdun.

LAJUS Noxis
158e Régt d'Inf., 1re Cie
D le 3 avril 1916 à Vaux devant Damloup
(Meuse).

PABINE Joseph
212e Régt d'Inf., 20 Cie
† le 23 mars 1916
à l'Ambulance de secours
suite de sa blessure
reçue à Blaise-en-Wœvre
dans la nuit du 14 au 15 mars.

BELLAN Antoine
Caporal au 32e Régt d'Inf., 5e Cie
† le 5 mai 1916 à Malancourt (Meuse).

GODEFROY Maurice
Sergent au 228e Régt d'Inf., 18e Cie
versé au 110e Régt d'Inf., 4e Cie
† le 23 juin 1916 à l'attaque de Troyon.

JOSSUÉ Maurice
49e Régt d'Inf., 7e Cie
D le 20 mai 1916 à Douaumont
(Verdun).

MOUNICOLOU Dieussin-Jules
418e Régt d'Inf.
versé au 174e Régt d'Inf., 9e Cie
† le 13 août 1916 à Étincheau (Somme)
suite de ses blessures reçues la veille.

BOURDEU Adrien
42e Régt d'Inf., 25e Cie
† le 25 décembre 1916
à l'Hôpital complémentaire no 9
Tarbes.

COUSTAU Gabriel
283e Régt d'Inf., 23e Cie
† le 10 septembre 1916 à Fleury
devant Verdun.

GUILLOT Charles
212e Régt d'Inf., 23e Cie
† le 29 août 1916 à Vaux-Chapitre.

SEBASTIE André
3e Régt d'Inf., 12e Cie
† le 13 septembre 1916 à Bouchavesnes
(Somme).

DAULON Clément
115e Rég. AL., 27e Batrie, 6e Groupe
† le 24 septembre 1916 Secteur de Verdun.

GOYES Félix
212e Régt d'Inf., 22e Cie
† le 3 septembre 1916
au Bois-de-Vaux-Chapitre (Meuse).

FARANDOU Robert
83e Régt d'Inf., 7e Cie
† le 1er février 1917 devant Crosnes
(Marne)
gaz asphyxiants.

BEAU Jean-Pierre-Louis
7e Régt d'Inf. colon., 3e Cie
† le 16 janvier 1917 à Vic-Bigorre,

SOLANO Paul
S. A. de la 18e Section C. O.
† le 27 mars 1917
à l'Hôpital de Béziers.

ABADIE Joseph
Brigadier au 24e d'Artil., 1re Bat.
† le 17 avril 1917 à la Tour de Passy
Ambulance no 10
Groupe de Brancardiers div. 10e D. I. C.

LACOSTE Jean
Sous-lieut. au 9e Régt de Zouaves, 5e Cie
† le 19 avril 1917 à Cerny
Chemin-des-Dames.

BORDENAVE Alexandre
Caporal au 133e Régt d'Inf., 9e Cie
† le 16 avril 1917 au village de Loivin
suite de blessures
reçues à l'attaque de la veille.

ABADIE Pierre
Caporal au 9e Régt de Tirailleurs Algériens,
11e Cie
† le 22 mai 1917 au Mont-Cornillet.

BÉGUÉ Bertrand-Henri
334e Régt d'Inf., 23e Cie
† le 24 juillet 1917 au plateau de Californie
(Aisne).

BUSQUIERES Laurent-Justin
51e Régt d'Artillerie
† le 7 juillet 1917 à l'Hôpital de Vic
suite de blessures et d'une maladie
contractée au front.

GRATENS Pierre
164e Régt d'Inf., 6e Cie
† le 10 août 1917 à Mesnil-les-Hurlets
Secteur de Beauséjour.

LABEYRIE Raoul-Bernard
144e Régt d'Inf., 8e Cie
† le 6 mai 1917 à Craonne.

DUPUY Guillaume
29e Régt d'Inf. territor., 7e Cie
prisonnier de guerre évacué
† le 7 août 1917 à St-Genis-Laval (Rhône)
Hôpital sanitaire auxiliaire n° 63.

DESMOULINS Jean-Marie
12e Rég' d'Inf., 9e Cie
† le 20 août 1917 à Louvremont
(Meuse).

DAUGA Jules
12e Rég' d'Inf., 1re Cie Mitrailleurs
† le 18 août 1917 à Louvremont
(Meuse).

DEBAT Henri
173e Rég' d'Inf., 1re Cie
† le 21 août 1917
entre Samogneux et la Cote 344
rive droite de la Meuse.

PEY Jean-Firmin
Sous-lieutenant au 288e Rég' d'Inf.
† le 23 août 1917 au Chemin-des-Dames.

LATAPIE Auguste-Edouard
Sous-lieutenant au 12e Rég' d'Inf.
† le 20 août 1917 à la Morgue-de-Glorieux.

JUNCA Isidore
Sergent mitrailleur au 288e Rég' d'Inf.,
4e Cie
† le 3 septembre 1917
au Chemin-des-Dames.

LARRÉ Étienne
30ᵉ Régᵗ d'Inf., C. H. R., canon 37
† le 9 juin 1918 à Bligny (Meuse)

DEVÈZE Paul
74ᵉ Régᵗ d'Inf., 3ᵉ Cⁱᵉ
† le 22 juillet à Villers-Cotterets.

VINCENT Jules
1ʳᵉ Cⁱᵉ Mitrailleurs de l'Inf. colon. du Maroc
† le 19 juillet 1918 à Villers-Cotterets.

DARGAGNON Ulysse
208ᵉ Régᵗ d'Inf., 18ᵉ Cⁱᵉ, Mitrailleur
† le 6 août 1918 à l'Hôpital de Pamiers
suite de brûlures de gaz hipériques.

BONNET Jean
Sergent breveté au 2ᵉ Régᵗ d'Inf. colon.
5ᵉ Cⁱᵉ, Chef de section
† le 12 juillet 1918 à l'assaut du Castel.

SOUDAT Jacques
289ᵉ Régᵗ d'Inf., 15ᵉ Cⁱᵉ
† le 21 août 1918 à l'attaque du Mesnil
près St-Aubin (Aisne).

DAURE Eugène
6ᵉ Régᵗ du Génie, Cᵗᵉ 11/25
† le 13 septembre 1918 à l'Hôpital mixte
de Vertus (Marne).

HUBERT Eugène-Justin
344ᵉ Régᵗ d'Inf., 14ᵉ Cᵗᵉ
† le 20 septembre 1918 à la Veuve (Marne)
suite de ses blessures.

TEULE Fernand
43ᵉ Régᵗ d'Inf. 5ᵉ Cᵗᵉ
† le 15 septembre 1918 route de Vezaponin
(Aisne).

FORCAMIDAN Charles
Sous-lieutenant au 59ᵉ Régᵗ d'Inf., 10 Cᵗᵉ
† le 14 octobre 1918 à Mont d'Origny (Aisne).

DE BUZON René
Groupe automobiliste 17ᵉ région
attaché au Colonel
commandant la subdivision de Mirande
† le 27 septembre 1917 à l'Hôpital d'Auch
en service commandé.

DERDOS Louis
139ᵉ Régᵗ d'Inf., 1ʳᵉ Cᵗᵉ
† le 18 octobre 1918 à Colscamp
(Belgique).

BOSC Adolphe-Jean
Infirmier, section de marche
détachement de l'Hôpital de Rabat
(Maroc)
† le 27 janvier 1919
maladie contractée au service
de l'Hôpital de Rabat.

DELMON Jean
328e Régt d'Inf., C. H. R., Téléphoniste.
† le 30 novembre 1918
à l'Hôpital du lycée Michelet, Vanves (Seine).
gaz asphyxiants.

DUGUEL Fernand-Jean-Marie
14e Régt d'Artillerie
† le 22 décembre 1918 à l'Hôpital de Vic
après avoir été réformé no 2
le 18 décembre 1918.

ANDREST

LAFFAYE Auguste-Dominique
83e Régt d'Inf., 5e Cie.
D le 22 août 1914, à Charleroi.

BELLACQ Henri-Hippolyte
12e Régt d'Inf., 1re Cie.
D le 22 août 1914, à Charleroi.

DAUGA Jean-André
83e Régt d'Inf., 2e Cie.
D le 8 décemb. 1914, à Perthes-les-Hurlus.

BERNICHAN Émile-Oscar
59e Régt d'Inf., 5e Cie.
† le 22 août 1914, à Bertrix (Belgique).

MARSAL Irénée-Julien-Joseph
18e Régt d'Inf., 7e Cie.
D le 16 septembre 1914,
à la Ville-aux-Bois.

HÉBRARD Jean-Louis
144e Régt d'Inf. territ., 1re Cie.
† le 13 octobre 1914,
à Noyelle-les-Vermelles (Pas-de-Calais).

DEGOS François, dit Antonin
12e Régt d'Inf., 1re Cie.
† le 12 décembre 1914, à Vassaigue
(Aisne).

RAINGUET Sylvain, dit Camora
Caporal au 360e Régt d'Inf., 22e Cie.
† le 18 mars 1915, à Ablain-St-Nazaire,
plateau de N.-D. de Lorette.

BIÈRE Joseph-Marie
Sergent au 37e Régt d'Inf. col., 17e Cie.
† le 23 juin 1915,
à l'assaut de la Fontenelle (Vosges)
à la tête de sa section.

BELLOC Henri-Jules
160e Régt d'Inf., 5e Cie.
† le 23 mai 1915, à Paramé,
suite de blessures,
reçues à Neuville-St-Waast.

MARCASSUS Jean-Félicien
88e Régt d'Inf., 11e Cie.
† le 8 juillet 1915, à Damville
(Pas-de-Calais).

LAFFAYE Louis-Jean
Caporal au 9e Régt d'Inf., 2e Cie.
† le 13 mai 1916, à l'Ambulance 3/17,
Somme-Bionne (Marne).

PÈNE Henri-Léon
Maître pointeur au 56e Régt d'Art., 101e Bie.
† le 9 août 1916, devant Maurepas.

ARMAGNAC Pierre-Jean-Guillaume
3e Régt d'Inf., 10e Cie.
† le 15 septembre 1916, à l'Hôpital temporaire
de Gribauval, suite de ses blessures,
reçues le 8 septembre, à Maurepas,
devant Combles.

LABOURIE Auguste-Jean
144e Régt d'Inf., 7e Cie.
† le 16 novembre 1916, près de Deniécourt
(Somme), tranchée Dauphine.

GRECHEZ Jean-Édouard
Caporal au 89e Régt d'Inf., 10e Cie.
D le 6 août 1918, à Juvigny (Aisne).

MILHAS Joseph-Julien-Célestin
349e Régt d'Inf., 23e Cie.
D le 20 mars 1918, à Rollot
(Somme).

BELLOC Paul
28e Rég' d'Inf., 30e Cie.
† le 1er novembre 1918,
à l'Hôpital d'Évreux,
suite de maladie.

POUZAUD Auguste-Louis
Caporal pilote, 2e Groupe d'Aviation,
18e Cie.
† le 4 décembre 1918,
à l'Hôpital de Mesgrigny (Aube),
suite de maladie
contractée en service commandé.

ARTAGNAN

SABATHÉ Albert-Jacques
2e Bataillon de la Chaouia, 2e Cie.
✝ le 11 novembre 1914,
à l'Hôpital militaire de Casablanca
(Maroc),
maladie contractée au service.

LESTRADE Éloi
14e Régt d'Inf., 5e Cie.
D en septembre 1914, à Charleroi.

RICAU Paul.
212e Régt d'Inf., 24e Cie.
✝ le 10 septembre 1914, à la maison
rue de Strasbourg, 19, Nancy.

GOULHERS Joseph
12e Régt d'Inf., 7e Cie.
✝ le 22 mai 1915, à Artagnan,
suite de ses blessures.

POSTERLE Paul-Marcel.
Sergent au 12e Régt d'Inf., 9e Cie,
passé au 65e Régt d'Inf.
✝ le 2 mars 1915, à Vauquois.

DUBIO Léon.
160e Régt d'Inf., 14e Cie.
✝ le 20 mai 1915, à Saint-Pol
(Pas-de-Calais).   8

DAUNINE Paul
9e Régt de Chasseurs,
passé au 7e Régt d'Inf., 30e Cie.
† le 31 mai 1915, à Berneville (P.-de-C.),
suite de ses blessures,
reçues à St-Nicolas, près d'Arras.

DAVEZIES Jean
212e Régt d'Inf., 18e Cie.
† le 2 septembre 1916, à Fleury-Verdun.

VIDALÉ Camille
Maréchal-des-Logis,
8e Chasseurs d'Afrique, 4e Escadrons.
† ou D le 18 août 1916,
au ravin de Prosnit.

MAILLES Jean-Pierre
Brancardier au 114e Régt d'Inf. territ.
† le 28 septembre 1915,
à Nœuds-les-Mines (Pas-de-Calais).

CAZENAVE-LOUSTALET Justin
201e Régt d'Inf., 3e Cie.
† le 5 octobre 1916,
à l'Ambulance 14/17, à Moreau,
suite de ses blessures, à Bouchavesne
(Somme).

PINAQUI Joseph
212e Régt d'Inf., 19e Cie.
† le 5 septembre 1916,
au bois de Vaux-Chapitre.

MARQUE-BOUARET Jean.
Avocat à Oran,
Sous-lieutenant au 2e Tirailleurs, 7e Cie.
† le 16 avril 1917, devant Reims.

DAURENSON Léopold
182e Régt d'Inf., 32e Cie.
† le 23 octobre 1916, à Morval (Somme).

DAUNINE Léon-Narcisse
174e Régt d'Inf., 3e Bat., 9e Cie.
† le 2 mars 1917,
à l'Hôpital de Tarbes, suite de blessures,
reçues le 26 mai 1915.

DUPRAT Pierre-Gustave-Fernand
139e Régt d'Inf., 2e Cie.
† le 6 avril 1918, devant Plémont,
commune de Lassigny (Oise).

CAIXON

MIDAN Laurent-Henri
Caporal au 88ᵉ Régt d'Inf., 2ᵉ Cⁱᵉ.
† le 27 août 1914, après avoir été blessé
la veille, à Angecourt.

DABOS Aurélien
88ᵉ Régt d'Inf., 1ʳᵉ Cⁱᵉ.
† le 29 mars 1915, à Perthes-les-Hurlus.

BRONDES Joseph
Capitaine au 88ᵉ Régt d'Inf., 9ᵉ Cⁱᵉ.
† le 30 décembre 1914, à Perthes-les-Hurlus.

MARCOU Pierre-Abel,
88ᵉ Régt d'Inf., 5ᵉ Cⁱᵉ.
† le 30 juin 1915, devant Arras.

BEAULIES Maurice
Médecin-Major de 1ʳᵉ classe.
† le 25 septembre 1915,
à l'Épine de Valgrange,
près St-Hilaire-le-Grand (Champagne).

LAGARDE Léon
212e Régt d'Inf., 6e Cie Mitrailleurs.
D le 3 septembre 1916, à Vaux-Chapitre,

MANESCAU Urbain
212e Régt d'Inf., 21e Cie.
† le 3 septembre 1916,
au Bois de Vaux-Chapitre.

VILA Timothée
Caporal pilote, Escadrille C. 34.
† le 20 août 1917,
dans un vol de liaison, près Verdun,
cerné par 3 avions ennemis.

BONNEFOY Gabriel-Bertrand
358e Régt d'Inf., 18e Cie.
† le 2 octobre 1918, à Autry
(Ardennes).

MIEYAN Laurent
12e Régt d'Inf., 1re Cie.
D le 20 août 1917,
depuis l'assaut de de la Cote 304.

CLAVERIE François
30e Bataillon, Chasseurs Alpins.
† le 6 octobre 1918, à Lansing
(Aisne).   9

CAMALÈS

COMBES Joseph
83e Régt d'Inf., 9e Cie.
† le 19 décembre 1914, en Champagne.

DAMPHLOUS René-Félix
257e Régt d'Inf.
† le 20 août 1914, à Viviers
(Lorraine).

JAUME Louis
Sous-lieutenant au 2e Régt d'Artillerie lourde.
† le 9 novembre 1914, à l'Hôpital de Sens,
suite de ses blessures,
reçues le 8 septembre, à Courdemange,
près Vitry-le-François.

DUFFOURC Léon
159e Régt d'Inf., 10e Cie.
D le 18 juin 1915, à Souchez (P.-de-C.)

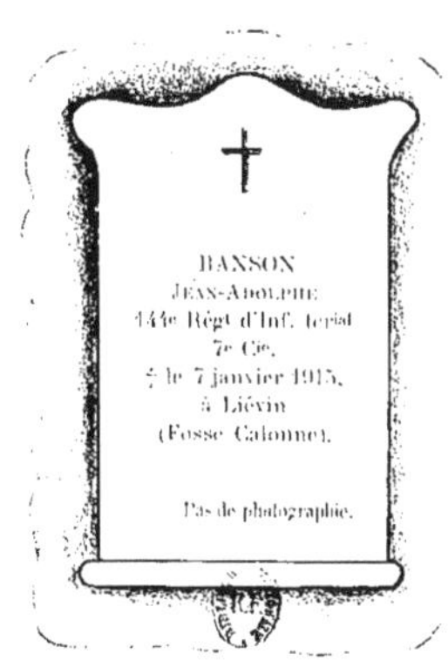

MILHAS Louis-Édouard
14e Régt d'Inf., 10e Cie.
D le 9 janvier 1915, à Crouy.

MOURALOT Jean-Bruno
418e Régt d'Inf., 8e Cie.
✝ le 20 juillet 1916, à Hardecourt
(Somme).

LIZONNAT Gaston
133e Régt d'Inf., 9e Cie.
✝ le 19 septembre 1916,
à l'Hôpital temp. 78, à Amiens,
suite de blessures, reçues le 12 septembre,
à Bouchavesnes.

DUFFOURC Joseph-Jean
12e Régt d'Inf., 11e Cie.
✝ le 9 janvier 1917, à l'Ambulance 12/20,
secteur 80, suite de ses blessures.

MOURALOT Adolphe-Pierre
88e Régt d'Inf., 10e Cie.
✝ le 31 janvier 1917, à Thuisy
(Marne).

LOUBÈRE Henri-Louis-Antoine-Ernest
88e Régt d'Inf., 9e Cie.
✝ le 11 janvier 1918, à Camalès,
maladie contractée à la guerre.

SEMBRES Clément-Auguste
289e Régt d'Inf., 19e Cie.
D le 25 mars 1918, près Maret d'Aucourt
(Aisne).

SEIGNERÉ Paul.
Caporal au 33e Régt d'Inf., 5e Cie.
D le 12 juin 1918, à Laversine
(Aisne).

MARSAC

BARRICAU Désiré
108e Régt d'Inf., 6e Cie,
✝ le 30 septembre 1915, à Amiens,
suite de ses blessures, reçues en Artois.

GUINLE Charles
Caporal, 12e Régt d'Inf., 5e Cie,
✝ le 13 octobre 1914, à Oulches.

SENGÈS André
230e Régt d'Inf., 17e Cie,
✝ le 15 octobre 1915,
à Reillon Bois Zeppelin.

LACAZE Paul
230e Régt d'Inf., 19e Cie, Mitrail.
✝ le 40 novembre 1916, à Querrevières,
secteur Moulin Sous Touvent (Oise).

PÉPOUEY Joseph
44e Régt d'Inf., C. H. R,
✝ le 1er février 1916, Hôpital Ste-Menehould.

SALGA C.
Sergent, 18e Régt d'Inf., ... Cie,
✝ le 16 avril 1917, à O... (Aisne).

DURAC Joseph
144e Régt d'Inf., 12e Cie.
✝ le 17 mars 1916, à l'Hôpital de Revigny,
suite de blessures,
reçues la veille au fort de Vaux.

Villenave
de Marsac

LACAZE Dominique
14e Régt d'Inf., 8e Cie.
✝ le 22 août 1914, à Courdemange
(Marne).

NOUILHAN

LAPORTE Isidore
83e Régt d'Inf., 6e Cie.
D du 26 au 28 août 1914, à Rocourt.

GACHIES Marcelin
83e Régt d'Inf.
D le 22 août 1914, en Belgique.

DUPOUY Joannès
212e Régt d'Inf., 20e Cie.
D le 7 septembre 1914,
à l'attaque de Champenoux.

DESQUERRÉ Savin
48e Régt d'Inf., 2e Cie.
D le 25 janvier 1915, à Craonne.

GACHIES Émile
58e Régt d'Artillerie, 69e Batterie.
† le 4 mars 1915, à Bordeaux.

PRAT-PABINE Armand
88e Régt d'Inf., 9e Cie.
D le 18 mai 1915, devant Arras.

GACHIES Jules
24e Régt d'Artill., 41e Battie.
† le 29 août 1915, à la Rudlin (Vosges),
suite de ses blessures.

BRUZAU Gabriel.
7e Régt d'Inf. Colon., 1re Cie.
† le 4 juin 1915, à Sitit-Bahr
(Gallipoli).

FOUCHET Basile-Léon
Sergent au 301e Régt d'Inf., 21e Cie.
† le 13 février 1916, en Champagne.

BOUCHÉ Eugène
144e Régt d'Inf. territ., 1re Cie.
† le 11 avril 1916, à Faux-Miroir,
commune de Contrisson (Vosges).

FOURTANÉ Charles
279e Régt d'Inf., 17e Cie.
D le 2 avril 1916,
blessé au Bois de la Caillette.

LAHILLE Jean-Félix
12e Régt d'Inf., 40e Cie.
† le 11 septembre 1916, à Esnes,
combat de la Côte du Poivre.

SAYOUS Jean-Marie
12e Rég' d'Inf., 3e Cie.
† le 12 décembre 1916,
à Fontaine Roubon,
Ambulance du front,
suite de ses blessures.

DABOS Léopold
201e Rég' d'Inf., 22e Cie.
† le 16 avril 1917,
à l'attaque du plateau de Craonne.

LANARTIC Jean-Marie
.7e Rég' d'Inf. Colon., 21e Cie.
† le 9 mai 1917,
dans la boucle de la Cerna.

LANARTIC Henri
Sergent, au 139e Rég' d'Inf., 5e Cie.
† le 1er décembre 1917,
au secteur de Vauquois.

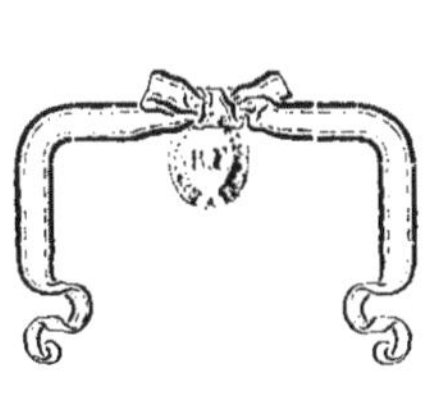

FAUQUÉ Sylvain-Louis
118e Rég' d'Inf., 2e Cie Mitrail.
† le 31 mars 1918, à l'Ambulance 16/9,
suite de ses blessures, reçues le 29.

11

PIC Gustave
74e Régt d'Artil. lourde, à grande portée,
Convois Automobiles.
† le 27 mai 1918,
à Nanteuil-la-Fosse.

PIC Gabriel.
414e Régt d'Inf., 3e Cie.
† le 28 septembre 1918,
devant St-Souphet (Marne).

PUJO

LAMARQUE Henri
83e Régt d'Inf., 11e Cie.
† le 27 août 1914, à Thélonne,
suite de ses blessures.

LABEDENS Jean-Marie-Émilien
12e Régt d'Inf., 1re Cie.
D le 22 septembre 1914, à Oulches
(Aisne).

CONTE Émile
144e Régt d'Inf., 6e Cie.
† le 19 octobre 1914, à Meurival,
canton de Neufchatel (Aisne).

DUMESTRE Maurice-Joseph-Marie
12e Régt d'Inf.
† le 29 octobre 1914, à Oulches
(Aisne).

BLOND Albert-Adrien
Caporal, au 88e Régt d'Inf., 7e Cie.
† le 17 janvier 1915,
à Perthes-les-Hurlus.

CARRÈRE Jean-Marie
Lieutenant au 1er Régt d'Inf. Coloniale.
† le 24 janvier 1915,
en gare du Quai d'Orsay (Paris).

TRILHE Raoul-Gustave
33e Régt d'Inf., 5e Cie.
† le 15 septembre 1916,
à Anderlu-le-Pricy (Somme),
commune de Combles.

DUPONT Adrien
18e Régt d'Inf., 2e Cie.
† le 24 mai 1916, à Fleury,
devant Douaumont.

PÉCASTAING Jean-Émilien
surnommé Joseph
51e Régt d'Inf., 7e Cie.
† le 8 mai 1917, à Neuville
(Marne).

CASTAGNET Pascal
60e Régt d'Inf., 6e Cie.
† le 14 mai 1918,
au N. E. du mont Kemmel (Belgique).

DUPONT Jean-Marie
Sergent, au 144e Régt d'Inf. territ., 6e Cie.
† le 15 juillet 1918, à Suippes.

TRILHE Fernand
201e Régt d'Inf., 19e Cie.
† le 1er août 1917, à Hetsas (Belgique).

LABAT Gaston
22e Bat. de Chasseurs à pied, 4e Cie,
Aspirant.
† le 20 juillet 1918, à Auve (Marne).

PASCAU Roger
88e Régt d'Inf., 2e Cie Mitrail.
† le 20 septembre 1918,
à Francilly Selency (Aisne).

COUARRAZE Pascal
372e Régt d'Inf., 27e Cie.
† le 25 octobre 1918,
à l'Ambulance Coloniale no 3,
près lac Presba (Serbie).

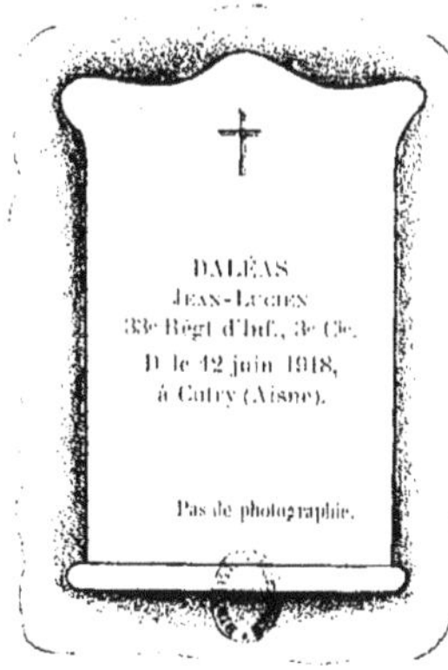

DALÉAS
Jean-Lucien
33e Régt d'Inf., 3e Cie.
† le 12 juin 1918,
à Cutry (Aisne).

Pas de photographie.

SABATHÉ Émile-André
Soldat, au 12e Régt d'Inf.
† le 27 octobre 1919, à Puje,
suite de maladie contractée aux Armées.

12

SAINT-LÉZER

FONTAN Léon
88e Régt d'Inf., 2e Cie.
† le 30 septembre 1914, à Humbouville.

LARROUTIS Auguste-Célestin
88e Régt d'Inf., 1re Cie.
† le 2 février 1915, à Mirepoix (Ariège),
maladie contractée au service.

GUILLOT Alfred
14e Régt d'Inf., 9e Cie.
† le 11 mai 1915, à l'Hôpital temp. 81,
de St-Maur, près Montluçon,
suite de blessures, reçues à Souchez.

CAUSSADE Osmin
Maréchal-des-Logis, 57e Régt d'Artillerie, 1re Batterie.
† le 14 septembre 1914, à l'Hôpital de Vitry-le-François,
suite des blessures reçues à Perthes-les-Hurlus.

LAPÈNE Honoré
Caporal au 144e Régt d'Inf., 11e Cie.
† le 23 mai 1915, à l'Hôpital temp. no 52,
de Nœuds-les-Mines (P.-de-C.).

LIBERTÉ Vital
144e Régt d'Inf. territ., 28e Cie.
† le 4 janvier 1916, à l'Hôpital compl. 49,
de Bordeaux,
maladie contractée au service.

HERROU Jean-Félix
Sergent au 144e Régt d'Inf., 5e Cie.
† le 2 juillet 1915, à Sains-en-Gohelle,
Ambulance no 23, 21e Corps d'Armée.

LAURAY Joseph-Léon
88e Régt d'Inf., 9e Cie.
† le 29 septembre 1915, à Roclincourt
(P.-de-C.).

COSLÉDAN Maurice
83e Regt d'Inf., 17e Cie.
† le 9 septembre 1916, au secteur de Fleury
(Verdun).

PORTERIE Paul
6e Régt d'Inf., 8e Cie.
† le 25 juin 1916, à la Côte 304
commune d'Esnes (Marne).

TECLÉ Alfred
156e Régt d'Inf., 1re Cie.
D le 30 septembre 1915,
à Beauséjour Massiges (Marne).

PUCHEU Jean-André
Caporal, au 31e Batail. de Chasseurs à pied,
3e Cie.
† le 25 octobre 1918,
aux combats de Banogne, Recouvrance
(Ardennes).

PONSAN Jules
346e Régt d'Inf., 21e Cie.
† le 8 juillet 1917, au fort de Jouy.

SIENNE Joseph-Louis
144e Régt d'Inf. territ., 2e Cie Mitrail.
† le 29 mai 1918, à Loupeignes.

FONTAN Joseph
88e Régt d'Inf., 2e Cie.
† le 12 septembre 1918, à St-Lézer,
maladie contractée en captivité.

MARQUE-SERIS Bernard-Martin
418e Régt d'Inf., 5e Cie.
† le 2 août 1918, à St-Lézer,
maladie contractée en captivité.

SANOUS

PATATUT Auguste
272e Rég. d'Inf., 24e Cie.
✝ le 10 octobre 1918, devant Vouziers.

SIARROUY

BETILLOU Auguste-Pierre
14e Rég' d'Inf., 11e Cie.
† le 20 mars 1915, aux tranchées 43/48.

LEMOINE Étienne
Caporal au 18e Rég' d'Inf., 7e Cie.
D dans la nuit du 16 au 17 septembre 1914,
à la Ville-aux-Bois.

SARTHOU Alphonse
131e Rég' d'Inf., 11e Cie.
† le 5 avril 1915,
à la Forêt de l'Argonne.

CAMPAGNE Cyprien
12e Rég' d'Inf., 9e Cie.
† le 27 septembre 1915,
à la Sapinière, près Pontavert
(Aisne).

LAYUS Dominique
32e Rég' d'Inf., 7e Cie.
† le 24 février 1916, à la Côte du Talon
(Meuse).

CLAVERIE Marcel
144e Rég' d'Inf. territ., 2e Cie.
† le 14 avril 1916,
à l'Hôpital militaire de Verdun,
suite de blessures,
reçues au Fort de Souville.

CAZAUX Jean-Casimir
3e Régt d'Inf., 3e Cie.
† le 4 avril 1918, secteur de Berthaucourt.

CAZAUX Henri-Jean-Marie
114e Régt d'Inf., 2e Cie de Mitrailleurs.
† le 20 juin 1918, à l'Ambulance 8/6,
suite de gaz asphyxiants.

SERANVILLE Osmen-Albert
356e Régt d'Inf., 24e Cie.
† le 17 juillet 1918, à Condé-en-Brie
(Aisne).

CAVÉ Joseph
Tirailleur Sénégalais,
† le 10 août 1917, au Chemin-des-Dames,
Secteur Califournie (Aisne).

CHAPITRE II

LES GRANDS BLESSÉS
et REFORMÉS de GUERRE

VIC

NOM ET PRÉNOMS	RÉGIMENT COMPAGNIE	LIEU ET DATE DE LA BLESSURE OU DE LA MALADIE	DATE DE LA RÉFORME
DAVEZAC Jean-Paul	212e Rég. d'Inf., 20e Cie	Champenoux, 7 septembre 1914	30 août 1915.
VEZIN Omer	283e Rég. Inf., 19 Cie, 5e Bn	Ippécourt, 8 septembre 1914	14 janvier 1916.
MARMOUGET Pascal	12e Rég. d'Inf., 10e Cie	Plateau de Craonne, 21 septembre 1914.	17 août 1915.
BONNEMAISON Joseph	88e Rég. d'Inf., 5e Cie	Perthes-les-Hurlus, 30 décembre 1914.	27 mars 1916.
PUYAU Jules	14e Rég. d'Inf., 3e Cie	Perthes-les-Hurlus, 1er janvier 1915.	12 février 1917.
LANGLADE Éloi	14e Rég. d'Inf., 28e Cie	Perthes-les-Hurlus, 10 janvier 1915	17 février 1916.
LAPORTE Eugène	37e Rég. Inf. Col., 20e Cie	Chapelotte, 27 février 1915	27 septembre 1915.
CLARENS Bernard	144e R. Inf. Territ., 9e Cie	Pas-de-Calais, 5 mai 1915.	12 avril 1916.
LECHEVALIER Paul	38e Rég. d'Art., 27e Batie	Appremont, 17 juillet 1915.	4 août 1915.
DE CARDAILLAC Jean	12e Rég. d'Inf., 28 Cie	Reims, 6 août 1915.	9 septembre 1915.
PÉRÈS Léobert	52e Rég. d'Inf. Coloniale.	En Champagne, 25 septembre 1915	14 décembre 1918.
SOLANO Joseph	42e Rég. d'Inf., 4e Cie	Tahure, 12 novembre 1915.	22 février 1917.
ROSAPELLY Paul	84e Rég. d'Inf., 3e Cie	Côte 193, Tahure, 7 décembre 1915.	5 janvier 1917.
DEVEZE Léon	12e Rég. d'Inf., 7e Cie	Beauséjour, 12 janvier 1916.	17 janvier 1917.
LARRIEU dit Roussel	418e Rég. d'Inf., 14e Cie	Vaux (Verdun), 28 février 1916	27 décembre 1916.
DESPEAUX Joseph	212e Rég. d'Inf., 17e Cie	Chatillon-sous les-Côtes (Woevre), 5 avril 1916.	8 janvier 1917.
FONTAN Antoine	444e Rég. d'Inf., 1re Cie	Louvile (Verdun), 9 avril 1916	16 novembre 1916.
ESCUDÉ Jean	283e Rég. d'Inf., 24e Cie	Bois-St-Remy, 22 septembre 1916.	6 mars 1916.
COULOM Jean	168e Rég. d'Inf., 5e Cie	Forêt d'Appremont, 13 décembre 1916.	17 juillet 1917.
FARANDOU Jean	12e Rég. d'Inf., 1re Cie	Bezonveau, 18 février 1917	20 juin 1918.

14

NOM et PRÉNOMS	RÉGIMENT COMPAGNIE	LIEU et DATE DE LA BLESSURE OU DE LA MALADIE	DATE DE LA RÉFORME
LARROUY Jean	118e Rég. d'Inf., 5e Cie.	Moulin-de-la-Faulx, 4 avril 1917	23 avril 1918.
RAMONÈDE Louis	23e Rég. Inf. Col., 6e Cie.	Bois-Mortier, 17 avril 1917	31 décembre 1917.
LACABANNE Isidore	12e Rég. d'Inf., 11e Cie.	Bois-de-Courrière, 25 avril 1917	20 octobre 1917.
BOUCHÉ Julien	9e Rég. Cuirsiers, 5e Escn	Laffaux (Aisne), 5 mai 1917	4 juin 1918.
CAPDEVIELLE Jean	12e Rég. Inf., 2e Cie Mitrs.	Côte du Poivre, 20 août 1917	17 octobre 1918.
CHARRIÈRE Raphaël	12e Rég. d'Inf., 9e Cie.	Chevincourt, 11 juin 1918	
BONNECARRÈRE Guilhaume	19e Rég. d'Inf., 9e Cie.	St-Clément à Harnes, 4 octobre 1918.	17 septembre 1919.

ANDREST

NOM et PRÉNOMS	RÉGIMENT COMPAGNIE	LIEU et DATE DE LA BLESSURE OU DE LA MALADIE	DATE DE LA RÉFORME
DUCOS Jean-Joseph	83e Rég. d'Inf., 2e Cie.	Haucourt (Meuse) 27 août 1914	14 février 1918.
DUCOS Marcel	49e R. Inf., sect. h. rang.	Guise, 30 août 1914	7 juillet 1915.
NABARRET Léopold	175e Rég. d'Inf., 12e Cie	Dardanelles, 8 mai 1915	17 décembre 1917.
MILHAS Germain	417e Rég. d'Inf., 1re Cie.	Nouvron-Vingré, 6 février 1916	18 février 1917.
LAPORTE Guillaume-David	83e Rég. d'Inf., 11e Cie	Verdun, 28 avril 1916	21 septembre 1916.
LATAPIE Jean-Henri	12e Rég. d'Inf., 7e Cie.	Combat d'Elincourt (Oise), 10 août 1918.	Passé à l'Artil. de camp, 214e, 23e Bat., maintenu au serv. armé.

ARTAGNAN

NOM et PRÉNOMS	RÉGIMENT COMPAGNIE	LIEU et DATE DE LA BLESSURE OU DE LA MALADIE	DATE DE LA RÉFORME
DAUNINE Jean-Louis	342e Rég. d'Inf., 22e Cie	Butte de Tahure, 30 octobre 1915	18 janvier 1917.
LAFITTE Fernand	Lieut. 57e Rég. d'Inf.	Fort de Lucey (Meurthe-et-Moselle) 12 février 1918.	6 septembre 1919.

CAIXON

NOM et PRÉNOMS	RÉGIMENT COMPAGNIE	LIEU et DATE DE LA BLESSURE OU DE LA MALADIE	DATE DE LA RÉFORME
MIEVAN Auguste	12e Rég. d'Inf., 2e Cie.	Côte 304, 29 mai 1916	26 septembre 1916.

NOM ET PRÉNOMS	RÉGIMENT COMPAGNIE	LIEU ET DATE DE LA BLESSURE OU DE LA MALADIE	DATE DE LA RÉFORME

MARSAC ET VILLENAVE DE MARSAC

NOM ET PRÉNOMS	RÉGIMENT COMPAGNIE	LIEU ET DATE DE LA BLESSURE OU DE LA MALADIE	DATE DE LA RÉFORME
CYRIAQUE Paul	37e Rég. Inf. Col. 20e Cie.	Bataille de la Fontenelle, 22 juin 1915	24 décembre 1917, congé sans limite de durée.
CASTÉRA Léon	3e Rég. d'Art., à pied	Aulnoy, près Nancy, 3 août 1915	7 juillet 1917.
GUINLE Jean-Marie	237e Rég. d'Inf., 23e Cie	Verdun, 25 mars 1916	22 avril 1918.
LARROUDET Pierre-Gaston	24e Rég. d'Art., 9e Batie	Verdun, Bois Coutant, 7 mai 1916	26 décembre 1916.

NOUILHAN

NOM ET PRÉNOMS	RÉGIMENT COMPAGNIE	LIEU ET DATE DE LA BLESSURE OU DE LA MALADIE	DATE DE LA RÉFORME
SABATHÉ Jean-Marcel	283e Rég. d'Inf., 21e Cie.	Eton (Meuse), 24 août 1914	Passé au serv. auxil. Proposé p. gratification par la commission de réforme de Pau, le 3 avril 1919.
PRAT-PABINE Albert	88e Rég. d'Inf., 2e Cie.	Près du C. de Mailly, 6 septembre 1914	23 décembre 1915.
MOUNOU Jean-Cyrille	88e Rég. d'Inf., 7e Cie.	Côte 600 (N.-E. de Perthes-les-Hurlus), 27 janvier 1915	Passé au serv. auxil. Maintenu p. la commission de réforme, le 19 juin 1919, avec gratification.
DHERS Léopold-Jean-Marie	3e R. de Zouaves, 1re Cie.	Dardanelles, 22 mai 1915	3 février 1916.
DESQUERRÉ Bertrand-Narcisse	12e Rég. d'Inf., 9e Cie.	En Champagne, 14 janvier 1916	25 mars 1917.
DAMADE Paul-Célestin	138e R. Inf. Territ., 8e Cie.	Longeau (Somme), 24 juillet 1916	17 novembre 1917.
PIC Paul	12e R. Inf., 10e et 1re Cie.	Chevincourt (Oise), 10 juin 1918	19 juin 1919.
LAPORTE Raymond-Léopold	12e Rég. Inf., 1re Cie Mitrs	Etave (au Nord-Est de St-Quentin), 11 octobre 1918	8 juin 1919.

PUJO

NOM ET PRÉNOMS	RÉGIMENT COMPAGNIE	LIEU ET DATE DE LA BLESSURE OU DE LA MALADIE	DATE DE LA RÉFORME
SABATHÉ Joseph-Henri	14e Rég. d'Art., 3e Batie	8 octobre 1915	Versé dans le service auxiliaire le 30 mars 1919 par la commission spéciale de réforme de Bayonne.

NOM et PRÉNOMS	RÉGIMENT COMPAGNIE	LIEU et DATE DE LA BLESSURE OU DE LA MALADIE	DATE DE LA RÉFORME

SAINT-LÉZER

NOM et PRÉNOMS	RÉGIMENT COMPAGNIE	LIEU et DATE DE LA BLESSURE OU DE LA MALADIE	DATE DE LA RÉFORME
VERGÈS Léon.	88e Rég. d'Inf., 2e Cie. .	Perthes-les-Hurlus (Marne), 5 avril 1915.	29 décembre 1915.
ADOLPHE Isidore-Jules	212e Rég. d'Inf., 23e Cie .	Vaux-Chapitre, 1er septembre 1916.	Conseil de réforme de Pau, le 30 octobre 1919.
LHÉRÉTÉ Louis-Pierre-Herman.	118e Art. lde., 6e g., 28e Bie	Bois des Réserves (Champagne), 11 avril 1917.	13 décembre 1917.

SANOUS

NOM et PRÉNOMS	RÉGIMENT COMPAGNIE	LIEU et DATE DE LA BLESSURE OU DE LA MALADIE	DATE DE LA RÉFORME
PATATUT Honoré.	50e Rég. d'Inf.	Roclincourt, 11 mai 1915 . . . . Mont Kemmel, 29 avril 1918.	12 décembre 1918.

SIARROUY

NOM et PRÉNOMS	RÉGIMENT COMPAGNIE	LIEU et DATE DE LA BLESSURE OU DE LA MALADIE	DATE DE LA RÉFORME
DUFFAU Noël.	83e Rég. d'Inf., 3e Cie. .	Perthes-les-Hurlus (Champagne), 26 décembre 1914.	13 novembre 1916.
MOURRAT Joseph.	212e Rég. d'Inf., 24e Cie.	Bois Chapitre (Verdun), 3 sept. 1916 . .	3 avril 1919.

CHAPITRE III

CITÉS ET DÉCORÉS

VIC

ABADIE Joseph,

Brigadier au 24ᵉ d'Artillerie, 1ʳᵉ Batterie.

1ʳᵉ Citation : O/Corps d'armée, du 20 juin 1916 :

« Brigadier, chef d'équipe téléphonique, plein d'allant, dévoué, courageux; n'a pas hésité à assurer lui-même en cas de nécessité et sous les bombardements les plus violents, les réparations de ses lignes. Le 21 mai 1916, au cours d'un bombardement de gros calibre très nourri qui démolissait deux pièces, en enterrait deux autres et faisait sauter deux caissons, s'est, de son propre mouvement, élancé de son abri pour aller porter aux chefs de pièces un ordre urgent sous le feu le plus violent. »

2ᵉ Citation : O/Corps d'armée, du 6 juillet 1917 :

« Brigadier éclaireur de la batterie, chargé, pendant les combats du 16 avril 1917, d'assurer une liaison optique dans un poste particulièrement dangereux, a exécuté sa mission consciencieusement et tranquillement sous le bombardement ennemi, jusqu'au moment où un obus est venu le frapper mortellement. Est mort en donnant le plus haut exemple de courage et d'abnégation. Ses dernières paroles ont été : « Vive la France ! »

ARROU Cyrille,

Soldat de 2ᵉ classe, 212ᵉ d'Infanterie, 23ᵉ Compagnie.

Citation : O/Régiment, nº 356, du 24 novembre 1917 :

« Soldat d'une énergie remarquable et possédant un haut sentiment du devoir. Au front depuis 3 années, de 1914 à 1917, a donné en toutes circonstances l'exemple d'un dévouement inlassable et d'une vaillance digne d'éloges. »

ASTUGUEVIELLE Joseph-Louis,

Caporal au 212ᵉ d'Infanterie, 18ᵉ Compagnie.

Citation : O/Régiment, nº 361, du 28 novembre 1917 :

« Au front depuis le début de la campagne, gradé d'une énergie et d'un sang-froid exemplaires. S'est particulièrement distingué par son courage et sa bravoure au combat de Champenoux, dans les engagements sous Verdun et sur le front de l'Aisne, pendant la période du 29 septembre au 4 novembre 1917. »

« Le 2 octobre a contribué à repousser un coup de main ennemi, dirigé sur son poste. »

BADIA Joseph-François,

Lieutenant au 156ᵉ d'Infanterie, Compagnie C. M. 1.

Citation : O/Division, du 29 avril 1918 :

« A fait pendant les combats d'avril l'admiration de tous par son calme, son sang-froid imperturbables, son mépris du danger. Blessé le 29 avril 1918 en arrêtant net avec ses mitrailleurs une attaque ennemie. »

BARBÉ Romain,

144ᵉ d'Infanterie territoriale, 1ʳᵉ Compagnie de mitraill⁰⁰.

Citation : O/Régiment, nº 18, du 18 juillet 1917 :

« Au front depuis le début. Excellent soldat, très dévoué. A su donner l'exemple du calme et du courage à ses camarades dans les circonstances les plus pénibles, notamment lors de l'offensive d'avril 1917. »

BARBRAUD André-Georges,

Brigadier 14ᵉ d'Artillerie, 2ᵉ Batterie.

Citation : O/Régiment, nº 25, du 25 mai 1917 :

« Brigadier énergique et courageux, qui a rempli avec intelligence des missions périlleuses de liaison avec l'Infanterie pendant les attaques de mai 1917; s'était déjà distingué en 1916 à Verdun où il avait été sérieusement blessé. »

BARON Guillaume,

Soldat de 1ʳᵉ classe au 144ᵉ territorial, 7ᵉ Compagnie.

Citation : O/Régiment, nº 7, du 12 avril 1917 :

« Au front depuis le début de la campagne. A toujours fait preuve de zèle et de dévouement. Homme très calme sur lequel on peut compter en toutes circonstances. Très consciencieux. »

DE BARRUEL Guy-Henri-Laurent,

Sergent à la 23ᵉ Compagnie du 212ᵉ R. I.

Citation : O/Division, nº 22681, du 29 septembre 1919 :

« Excellent sous-officier, remarquable attitude au feu. Pressé par l'ennemi le 3 septembre 1916, s'est découvert pour mieux ajuster les assaillants. A été blessé à la tête au cours de cet exploit. »

BAZERQUE Amédée,

Aspirant au 49ᵉ d'Infanterie, 11ᵉ Compagnie.

Citation : O/Régiment :

« A fait preuve d'énergie et de jugement dans l'exécution de plusieurs patrouilles et rapporté de précieuses indications sur les positions allemandes.

« Blessé le 18 mai 1918, en luttant contre une patrouille ennemie. »

—

BEAUDÉAN Raymond,

24ᵉ d'Artillerie.

Citation : O/Division, nᵒ 36, du 27 mai 1917 :

« Excellent chef de pièce, qui a déployé la plus grande énergie du 12 au 24 mai dans l'exécution des tirs de barrage continus sous un bombardement excessivement violent de canons de gros calibre. »

—

BELLAN Antoine,

Caporal au 32ᵉ d'Infanterie.

1ʳᵉ Citation : O/Division, du 5 mai 1915 :

« Est entré le premier dans la tranchée ennemie, a blessé de deux coups de feu un officier allemand. »

2ᵉ Citation : O/Brigade (35ᵉ), du 19 mai 1916 :

« Grièvement blessé à son poste, après avoir donné à tous, pendant un violent bombardement, l'exemple du courage et de la gaîté. »

—

DE BEZOLLES Bernard-Clément-Marie-Alfred,

Sous-lieutenant au 1ᵉʳ Régiment d'Infanterie, 3ᵉ Cⁱᵉ.

Citation O/Régiment, nᵒ 66, le 10 mai 1917 :

« S'est porté trois fois à l'assaut avec sa section, donnant l'exemple du plus bel entrain. »

—

BONNECARRÈRE Auguste,

Caporal au 2ᵉ Zouaves, bataillon de réserve (Camp Marchand), Rabat.

Citation : O/Division, du 16 octobre 1916 :

« Excellent gradé, blessé et fait prisonnier, le 20 août 1914, réussit à s'évader et a fait preuve en cette circonstance d'une énergie peu commune. »

BONNECARRÈRE Guillaume,

Sergent-Major au 212ᵉ d'Infanterie, 19ᵉ Cⁱᵉ, puis Adjudant à la 17ᵉ Cⁱᵉ, passé Sous-Lieutenant à la 23ᵉ du 212ᵉ d'Inf., et Lieutenant au 19ᵉ d'Inf., 9ᵉ Cⁱᵉ.

1ʳᵉ Citation : O/Régiment, du 16 juin 1916.

« A donné depuis le début de la campagne, le plus bel exemple de courage et d'énergie sous le feu de l'ennemi. Blessé pendant un bombardement, le 4 avril 1916, a refusé d'être évacué et est resté à la tête de sa section. »

2ᵉ Citation : O/Régiment, du 28 octobre 1917.

« Officier d'élite. A su par son exemple s'imposer à l'admiration des gradés et des hommes de sa section. A, durant les périodes des 24 au 29 juillet et du 3 au 8 août 1917, fait preuve des plus belles qualités de chef alors qu'étant en première ligne il se trouvait avec sa section exposé à de nombreux bombardements. Déjà cité. »

3ᵉ Citation : O/Régiment, 8 février 1918 :

« Le 3 février 1918, au cours d'une patrouille en avant des lignes, a fait preuve de sang-froid et de beaucoup d'esprit d'initiative en évitant de tomber dans une embuscade ennemie qui lui était tendue et a réussi à ramener deux prisonniers. »

4ᵉ Citation : O/Corps d'Armée, nᵒ 439, du 9 février 1919.

« Le 4 octobre 1918, chargé de conduire la patrouille de reconnaissance sur St-Clément à Arnes, a entraîné avec un élan irrésistible sa compagnie à l'assaut d'un nid de mitrailleuses allemandes qui empêchaient la progression de son bataillon. A fait preuve d'un courage et d'un sang-froid hors de pair. Grièvement blessé au cours de sa mission. 1 blessure, 3 citations antérieures. »

5ᵉ Citation : O/Corps d'Armée, nᵒ 17.380, du 16 mai 1919 :

« Nommé Chevalier de la Légion d'honneur, même texte que le précédent. »

—

BONNET Jean,

Sergent à la 5ᵉ Cⁱᵉ du 2ᵉ Régiment d'Inf. Coloniale.

Citation : O/de la Division, nᵒ 402, du 25 juillet 1918 :

« Très bon gradé, brave et énergique, mortellement blessé en se portant à l'attaque des positions ennemies. »

BONNET Pierre,

3 28ᵉ d'Infanterie, 15ᵉ Compagnie.

Citation : O/Régiment, nᵒ 155, du 18 août 1918 :

« Excellent soldat. S'est signalé dans les combats des 24 au 27 juillet par sa bravoure, son énergie et son endurance. A été blessé le 1ᵉʳ août, au cours des travaux de défense du village de V... »

—

BORDENAVE Jean-Alexandre,

Caporal au 133ᵉ d'Infanterie.

1ʳᵉ Citation : O/Régiment, nᵒ 187, du 30 octobre 1916 :

« Courageux et énergique, a vaillament conduit son escouade à l'assaut et communiqué à ses hommes l'entrain dont il était animé. »

2ᵉ Citation : O/82ᵉ Brigade, nᵒ 4, du 2 mai 1917 :

« Excellent chef d'escouade. A entraîné vaillamment ses hommes à l'assaut d'une position puissamment fortifiée. Il a été très grièvement blessé en se portant en avant sous un feu de mitrailleuse très violent. 2

—

BOUCHÉ Julien-Barthélemy,

5ᵉ Escadron du 9ᵉ Cuirassiers à pied.

1ʳᵉ Citation : O/du Corps de Cavalerie, nᵒ 155, du 24 novembre 1917 :

« Bouché Julien, du 5ᵉ Escadron du 9ᵉ Cuirassiers, arrivé depuis peu au régiment, s'est porté à l'assaut le 5 mai 1917 avec un bel entrain et a été grièvement blessé. »

2ᵉ Citation : O/Corps d'Armée, nᵒ 112.283, du 14 décembre 1918 :

« La médaille militaire a été conférée avec attribution de croix de guerre avec palme au cuirassier Bouché Julien-Barthélemy :
« Très bon soldat, brave et plein d'entrain a été blessé grièvement le 7 mai 1918, à Laffaux, en s'élançant à l'assaut des tranchées ennemies. »

—

BOURDA Bernard,

Sergent-fourrier, 317ᵉ Rég. Inf. (D.E.8.).

Citation : O/Régiment, nᵒ 25, du 23 septembre 1917 :

« Excellent gradé, brave et dévoué. A assuré pendant l'opération du 11 septembre 1917 le ravitaillement des groupes engagés, avec le plus grand sang-froid. Déjà blessé au cours de la campagne. »

BURON François,

Vétérinaire aide-major de 1ʳᵉ classe, service vétérinaire de la 91ᵉ Brigade.

Citation : O/Brigade, nᵒ 96, du 5 août 1917 :

« A la Brigade depuis le 9 octobre 1915, a toujours rempli son service avec le plus grand zèle et le plus grand dévouement, n'hésitant pas à se rendre en 1ʳᵉ ligne, parfois sous de violents bombardements, pour venir rendre compte de l'accomplissement de sa mission. »

—

CABANNES Louis,

Soldat de 2ᵉ classe, 42ᵉ d'Inf. Coloniale, 13ᵉ Cⁱᵉ.

Citation : O/Régiment, nᵒ 75, du 7 décembre 1917 :

« Très bon soldat, très dévoué. S'est très bien comporté dans toutes les opérations auxquelles le régiment a participé en 1917. »

—

CAMPUZAN Jean-Marie,

Caporal au 49ᵉ d'Infanterie.

Citation : O/Régiment, nᵒ 215, du 24 mai 1917 :

« Modèle d'énergie et de persévérante abnégation. Enseveli à trois reprises différentes, les 5 et 6 mai 1917, avec son matériel ; s'est dégagé et, sous un bombardement d'une extrême violence, sans quitter le poste extrêmement battu qui lui avait été assigné, s'est acharné avec sang-froid et méthode à nettoyer et vérifier le mécanisme de ses pièces. »

—

CANDARRÉ Louis,

Fusillier-mitrailleur au 283ᵉ d'Inf., 17ᵉ Cⁱᵉ.

Citation : O/Régiment, nᵒ 279, du 10 septembre 1918 :

« Jeune fusillier-mitrailleur, très calme, plein d'entrain et de sang-froid ; a su par son tir très bien ajusté, arrêter l'avance de l'ennemi. »

—

CAPDEVIELLE Jean,

Brancardier au 12ᵉ d'Inf., 2ᵉ Bat., 2ᵉ Cⁱᵉ de Mitrailleuses.

1ʳᵉ Citation : O/Régiment, du 14 août 1916 :

« Brancardier ayant toujours fait l'admiration de ses chefs et de ses camarades. A contribué dans les circonstances les plus difficiles à l'évacuation de tous les blessés. Modèle de courage et de dévouement. »

15

2ᵉ *Citation* : O/*Croix de Guerre avec Palme*, du 23 août 1917, résultat de la *médaille militaire* conférée :

« Brancardier très courageux et très dévoué, qui a toujours rempli son devoir avec une abnégation parfaite. Grièvement blessé le 20 août 1917, en se portant à l'assaut. »

CAPDEVIELLE Ulysse,

Soldat 1ʳᵉ Cⁱᵉ de Mitrailleuses, 83ᵉ d'Infanterie.

Citation : O/*Régiment*, nᵒ 232, du 8 juin 1918 :

« Au front depuis le début de la campagne ; le 25 avril, sous un très violent bombardement, a assuré le ravitaillement de sa pièce. »

CARDEBAT Pierre-François-Charles,

212ᵉ d'Infanterie, 20ᵉ Cⁱᵉ.

Citation : O/136ᵉ *Brigade*, nᵒ 43, du 12 juin 1916 :

« Le 15 mars 1916, au cours d'une reconnaissance offensive, sa compagnie ayant dû se replier devant les forces supérieures qui la contre-attaquaient, a ramassé un soldat blessé et l'a ramené dans nos lignes sous un feu intense de l'infanterie ennemie et une violente canonnade. »

CAUJOLLE Louis-Pierre-Marcel,

Incorporé au 83ᵉ d'Infanterie, 1ʳᵉ Cⁱᵉ, 10 octobre 1913.
Parti au front comme Caporal, le 4 août 1914.

1ʳᵉ *Citation* : O/*Régiment*, nᵒ 231, du 18 juin 1915 (comme aspirant) :

« Dans la nuit du 13 au 14 juin, un des postes d'écoute de sa section ayant reçu une bombe qui blesse ou contusionne un caporal et un homme, fait mettre tout le monde aux créneaux et exécute lui-même une patrouille, donnant ainsi un exemple de sang-froid et de courageuse décision. »

2ᵉ *Citation* : O/*Régiment* (209ᵉ d'Infanterie), du 7 janvier 1916 :

« Le chef de corps adresse ses félicitations au sous-lieutenant Caujolle, à l'adjudant Lenain et au sergent Lafforgue, pour la reconnaissance très hardie à laquelle ils ont pris part dans la nuit du 3 au 4 janvier. Le colonel commandant la 67ᵉ Brigade a bien voulu transmettre en faveur du sous-lieutenant Caujolle une proposition de citation très méritée par ce brillant officier. »

3ᵉ *Citation* : O/*Corps d'Armée*, nᵒ 139, du 10 janvier 1916 :

Sous-lieutenant au 209ᵉ d'Infanterie.

« Comme caporal au 83ᵉ Rég. d'Infanterie, félicité devant sa compagnie, le 25 août, pour avoir transporté sous le feu son lieutenant. Blessé le 27 août. Aspirant, puis sous-lieutenant au 209ᵉ, montre une activité et une bravoure inlassables, profite de sa connaissance de l'ennemi (agrégé d'Allemand) pour multiplier les observations et les reconnaissances. Dans la nuit du 3 au 4 janvier 1916 a pu, au cours d'une reconnaissance dangereuse, reconnaître l'endroit précis où travaillait l'ennemi, qui a été dispersé par notre feu. A rapporté des engins allemands. »

4ᵉ *Citation* : O/*Armée*, nᵒ 2410, du 13 février 1916 :

Nommé Chevalier de la Légion d'honneur.
« Officier modèle de bravoure et d'énergie. Au cours de l'attaque ennemie du 28 janvier 1916, s'est porté en avant de sa section et après avoir vaillamment combattu à la grenade, est tombé grièvement blessé. Ne s'est laissé emmener qu'après avoir vu l'assaut ennemi définitivement brisé. »

5ᵉ *Citation* : O/*Division*, nᵒ 169, du 6 août 1917 :

« Jeune officier d'un courage éprouvé et d'une hauteur morale. Pendant le séjour de la division en juillet 1917, dans un secteur particulièrement difficile, a exécuté presque journellement des reconnaissances sur un terrain constamment battu par les rafales d'artillerie et de mitrailleuses ; a rapporté chaque fois des renseignements précieux pour le commandement, montrant un complet mépris du danger pour mener à fond les missions qui lui étaient confiées. »

CAYRET Camille-Grégoire,

Officier d'Administration de 1ʳᵉ classe, du Génie.

1ʳᵉ *Citation* : O/*Corps d'Armée*, du 25 février 1915 :

« Attaché au commandement du Génie du 17ᵉ Corps, se fait remarquer depuis le début de la campagne par l'activité et le zèle qu'il déploie en toute circonstance.
« D'un dévouement à toute épreuve, toujours prêt à marcher, a dû souvent vaincre les plus grandes difficultés pour se procurer en temps utile un matériel, réclamé d'urgence et qui n'était pas compris dans les approvisionnements du parc. »

2ᵉ *Citation* : O/*Ministère de la Guerre*, le 12 juillet 1916 : (Nommé Chevalier de la Légion d'honneur).

« A rendu d'excellents services en paix et en guerre, sachant surmonter les difficultés les plus sérieuses, grâce à son initiative et à son dévouement. »

CHAPEU Adolphe-Eugène-Jean,

Capitaine de Mitrailleurs au 126°.

1re *Citation* : O/*Brigade*, du 13 septembre 1915 :

« Le 27 avril 1915, dans la nuit, chargé de reconnaître sur tout le front du régiment des emplacements de batteries pour les canons de 58, a exécuté cette reconnaissance malgré une fusillade intense. Blessé à l'épaule au combat du 26 avril, a refusé de se laisser évacuer et a continué à combattre à la tête de sa section. »

2e *Citation* : O/*Armée*, du 25 septembre 1915 :

« Chapeu Adolphe, lieutenant commandant la Compagnie de Mitrailleurs de la 48° Brigade, s'est brillamment comporté pendant l'assaut du 25 septembre 1915, au cours duquel il a su employer ses mitrailleuses avec décision. A maintenu, pendant deux jours, sa compagnie sur une position importante, battue à plusieurs reprises par l'artillerie lourde allemande. »

Chevalier de la Légion d'honneur à la date du 1er octobre 1915.

———

CIERS Jean,

93° d'Infanterie, 6° Compagnie.

Citation : O/*Régiment*, n° 413, du 28 avril 1919 :

« S'est particulièrement bien conduit pendant la campagne. A été blessé deux fois. »

———

COUSTÈRE François-Henri,

Sergent à la 23° Cie du 319° R. I.

Citation : O/*Brigade*, n° 89 (1918) :

« Sous-officier, qui s'est maintes fois fait remarquer au cours de reconnaissances qui ont donné de précieux renseignements.

« S'est particulièrement distingué pendant les combats du 9 au 13 juin 1918. »

Deux fois blessé, nommé sous-lieutenant.

———

CLAIRE Louis,

Capitaine au 29° Dragons.

Citation : O/7° *Brigade de Dragons*, le 7 juillet 1915 :

« Glorieusement tombé, le 5 octobre 1914, au combat de Bully, en chargeant avec son escadron contre l'infanterie ennemie. »

CLAIRE Prosper-Émile,

Capitaine au 147° d'Infanterie ; prisonnier de guerre dans une reconnaissance de nuit, du 14 au 15 avril 1915.

1re *Citation* : O/*Division* (4° du 2° *Corps*), du 2 décembre 1914 :

« Commandant sa compagnie dans le secteur le plus difficile du bois de la Grurie, a réussi à force de volonté et de bravoure à contenir l'ennemi dans une lutte de jour et de nuit, à quelques mètres de lui, du 7 au 12 novembre et à repousser toutes ses attaques. »

2e *Citation* : O/*Armée*, du 2 décembre 1914 :

« A fait preuve d'allant, en se lançant à l'attaque d'une position qu'il savait occupée par l'artillerie. »

3e *Citation* : O/*Armée*, du 21 février 1915 (Chevalier de la Légion d'honneur) :

« A réussi, à force d'énergie, de volonté et d'activité, à contenir l'ennemi dans une lutte de jour et de nuit et a repoussé toutes ses attaques. A depuis, pendant une période de plusieurs jours, commandé un bataillon sur une position des plus difficiles, où il s'est maintenu. »

———

CLAIRE Henri-Léon,

Lieutenant au 9° d'Artillerie, 12° Batterie, nommé pour fait de guerre, capitaine ; maintenu le 4 octobre 1916.

1re *Citation* : O/*Armée* (grade de capitaine, titre temporaire), du 21 novembre 1915 :

« Le lieutenant d'Artillerie, M. Henri Claire, au front depuis le début des hostilités, s'est fait remarquer en diverses circonstances périlleuses par son sang-froid, son énergie et sa belle attitude au feu. »

2e *Citation* : O/2° *Division d'Infanterie Coloniale*, du 21 juillet 1916 :

« A fait preuve, au cours des opérations du 1 au 4 juillet 1916, d'une grande énergie et d'un complet mépris du danger, assurant son commandement avec calme, malgré le bombardement violent de l'artillerie ennemie. »

3e *Citation* : O/*Division*, 3 juin 1917, du 20° Art. de campagne (Macédoine) :

« Excellent commandant de batterie. Au cours d'une longue période d'activité dans la région la plus accidentée de..... a commandé d'une façon remarquable le tir de sa batterie, malgré de grandes difficultés d'ordre technique. Par son énergie et par son ascendant personnel, a su maintenir le moral de la troupe à un niveau très élevé malgré la rigueur de la saison et une série de tirs ininterrompus de jour et de nuit qui s'est étendue sur une période de plus de trois semaines consécutives. A donné à l'infanterie d'attaque une aide très efficace, notamment au cours des actions des 9, 15 et 19 mai 1917. »

———

CLOS Auguste,

Caporal au 88e d'Infanterie, 8e Cie.

Citation : O/Armée, du 15 juin 1916 :

« Bon gradé, courageux et dévoué, 15 mois de front. Volontaire le 29 mai 1916, pour participer à une patrouille périlleuse qui a procuré des renseignements précieux. »

———

CLOS Jean,

Soldat à la Compagnie Mitrailleurs 2 du 415e Rég. d'Inf.

Citation : O/Division, n° 213, du 26 avril 1918 :

« Soldat mitrailleur d'un courage à toute épreuve ; resté seul avec son officier, a contribué à arrêter l'ennemi en se maintenant sur son emplacement. S'est toujours distingué pendant la période difficile du 30 mars au 6 avril 1918. »

———

CLOS Paul,

287e d'Infanterie, 5e Compagnie M.

1re *Citation : O/Régiment,* du 1er juin 1917 :

« Très bon soldat, au front depuis le début. A assisté aux combats de Lorraine (1914), de Verdun. Belle attitude les 16 et 18 avril 1917, sur l'Aisne. »

2e *Citation : O/Brigade,* n° 48, du 12 mai 1918 :

« Chef de pièce très brave. A une fois de plus prouvé ses belles qualités à l'attaque du 2 mai 1918. »

———

DE COURS Édouard,

Sergent-fourrier au 4e Régiment Mixte de Z. T., 21e Compagnie de tir.

Citation : O/Régiment, n° 439, du 18 juillet 1917 :

« Gradé d'une activité remarquable, a fait campagne en Orient où il a été blessé pendant les attaques de mai en remplissant les fonctions d'agent de liaison entre les 1re et 2e lignes. »

———

DABOS Pierre-Jules,

Maréchal-des-Logis au 14e d'Artillerie, 6e Batterie.

Citation : O/Régiment, n° 32, du 9 juin 1917 :

« Faisant fonction de chef de pièce, a fait preuve d'énergie et de courage, le 2 juin 1917, en allant à la tête de ses hommes éteindre un incendie qui s'était déclaré dans un dépôt de munitions. A été blessé par éclat d'obus ennemi au cours de cette mission. »

———

DADET Léon,

Caporal au 34e d'Infanterie, 10e Compagnie, S. 6.

1re *Citation : O/Régiment,* du 15 mai 1917 :

« Gradé brave et courageux, très calme et très énergique, s'est distingué pendant les combats es 4, 5 et 6 mai 1917, en entraînant ses hommes l'assaut des tranchées ennemies. »

Sergent au 34e d'Infanterie, 10e Compagnie.

2e *Citation : O/Régiment,* n° 746, du 5 juin 1918 :

« Le 1er juin 1918 chargé d'une mission périlleuse au cours d'une reconnaissance offensive, s'est précipité dans la tranchée ennemie à la tête de son groupe, déterminant la fuite des occupants par son audacieuse irruption. »

(Quatre jours après, prisonnier.)

———

DARRIBES Bernard,

Du 11e Chasseurs Alpins.

Citation : O/Bataillon, du 7 mars 1915 :

« Chasseur très courageux ; s'est offert comme volontaire au combat pour rechercher, sous les fils de fer ennemis, son camarade, qui avait la jambe brisée par une balle et l'a porté au poste de secours. A rejoint sa compagnie immédiatement après. »

———

DAUBOUS Joseph,

Au 12e d'Infanterie, puis versé au 49e.

Citation : O/Régiment, du 20 juin 1916 :

« Volontaire pour tenir une barricade, où 15 hommes venaient de trouver la mort, a contribué à sa défense pendant près de 20 heures, malgré un feu d'artillerie et de mitrailleuses des plus violents. »

———

DAUGA Aristide,

1 2e d'Infanterie, 1re Compagnie de Mitrailleuses.

Citation : *O/Régiment*, n° *175*, du 23 septembre 1917 :

« Excellent mitrailleur, tué à son poste de combat pendant la préparation de l'attaque du 20 août 1917. »

—

DAULON Clément,

1 15e Artillerie lourde.

Citation : *O/Brigade*, n° *480*, du 22 octobre 1916 :

« Excellent soldat, grièvement blessé le 20 sepbre en servant sa pièce sous un violent bombardement. » (Est mort des suites de ses blessures).

—

DAULON Raymond,

Maréchal-des-Logis au 258e d'Artillerie, 25e Batterie.

Citation : *O/Régiment*, n° *397*, du 11 décembre 1917 :

« Sous-officier modèle d'entrain et de bravoure, très brillante conduite au cours d'un ravitaillement de nuit exécuté sous le bombardement de l'ennemi. »

—

DEBAT Henri,

173e d'Infanterie, 1re Compagnie.

Citation : *O/Régiment*, n° *42*, du 6 septembre 1917 :

« Soldat très courageux. Son chef d'escouade tombé, a pris le commandement et n'a cessé de donner à ses hommes l'exemple d'un mépris absolu du danger. Tué glorieusement à l'assaut de la tranchée ennemie. »

(1914, 1915, 1916, 1917. Lorraine, La Marne, Argonne, Champagne, Verdun.)

—

DELMON Jean,

328e d'Infanterie, C. H. R., téléphoniste.

Citation : *O/Régiment*, n° *182*, du 25 octobre 1918 :

« Soldat téléphoniste dévoué et courageux. Désigné pour réparer une ligne téléphonique constamment coupée par des tirs violents d'artillerie ennemie, est venu chercher les brancardiers pour les conduire auprès de son camarade grièvement blessé et a continué la réparation de la ligne. »

DELON Jean,

11e Compagnie du 125e d'Infanterie.

Citation : *O/Régiment*, du 2 juillet 1918 :

« Très bon signaleur. Guetteur de premier ordre. Blessé à son poste de combat, le 12 juin 1918. »

—

DESBEAUX Pascal,

18e Régiment d'Infanterie, Sergent-fourrier, 2e C. M.

Citation : *O/Brigade*, n° *89*, du 30 octobre 1918 :

« Sergent très courageux. Au cours de l'attaque du 17 septembre 1918, a dirigé avec une rare maîtrise et dans des conditions critiques son service de liaison, et a assuré de façon parfaite le ravitaillement des premières lignes pendant l'occupation de la position conquise. »

—

DESPAUX Joseph-Baptiste,

Brancardier au 212e d'Infanterie.

1re *Citation* : *O/Corps d'Armée*, du 4 mai 1916 :

« Très bon soldat, n'a pas hésité, malgré un bombardement violent, à quitter l'abri, où il se trouvait, pour aller relever son sergent-major blessé. A été blessé lui-même en se rendant auprès de ce sous-officier. »

2e *Citation* : *O/Armée*, du 20 novembre 1916 (médaille militaire) :

« Soldat d'un dévouement absolu, qui s'est toujours distingué par sa belle conduite au feu. A été grièvement blessé, le 4 avril 1916, alors qu'il venait de sortir de son abri, malgré un violent bombardement pour porter secours à son sergent-major blessé. Impotence fonctionnelle du bras gauche. »

—

DESPOUY Norbert,

Sergent-major au 12e d'Infanterie, artificier à la Cie H. R.

Citation : *O/Régiment*, n° *362*, du 15 juin 1918 :

« Modèle de bravoure, de dévouement et de conscience. Au front depuis le début de la campagne. S'est particulièrement signalé pendant les journées des 10, 11, 12 et 13 juin 1918, en assurant dans des conditions difficiles, de jour comme de nuit et sous un bombardement intense, le ravitaillement en munitions du Régiment. »

DEVÈZE Jean-Marie,

125ᵉ d'Infanterie, 1ʳᵉ Compagnie.

Citation : O/Régiment, nᵒ 112, du 3 juillet 1918 :

« Soldat d'un dévouement et d'un sang-froid remarquables: au front depuis le mois de mai 1916, a toujours donné le plus bel exemple du devoir pendant les attaques des 11 et 13 juin 1918. »

DEVÈZE Paul,

Soldat de 2ᵉ classe au 74ᵉ d'Infanterie, 3ᵉ Compagnie.

1ʳᵉ *Citation : O/Régiment, nᵒ 1016*, du 21 mai 1916 :

« Excellent soldat, ayant maintes fois fait preuve des plus brillantes qualités militaires. S'est particulièrement distingué dans l'exécution d'un coup de main, le 19 mai 1918. »

2ᵉ *Citation : O/Division, nᵒ 231*, du 6 août 1918 :

« Excellent soldat, courageux et dévoué, d'un sang-froid à toute épreuve. A été tué glorieusement le 25 juillet 1918, en se portant à l'attaque d'une position fortement organisée par l'ennemi. »

—

DEYRES Jean,

Caporal au 33ᵉ Colonial, 21ᵉ Compagnie.

1ʳᵉ *Citation : O/Brigade, nᵒ 474*, du 20 août 1917 :

« Très bon gradé, a fait l'admiration de tous par sa brillante conduite, son courage et son entrain au cours des combats des 16 au 18 avril 1917. »

2ᵉ *Citation : O/Division*, du 28 novembre 1917 :

« Très bon sous-officier, d'un courage remarquable, dévoué et consciencieux. Sur le front depuis le début des hostilités, a donné de nouvelles preuves de ses belles qualités militaires au cours du dernier séjour de la compagnie aux tranchées de Verdun. »

—

DOMEC Pierre,

Caporal au 73ᵉ d'Infanterie, 10ᵉ Compagnie.

Citation : O/Régiment, nᵒ 216, du 1ᵉʳ décembre 1918 :

« Très bon caporal. S'est fait remarquer par son sang-froid au cours de différents coups de main. A montré beaucoup d'entrain et de courage pendant la poursuite de l'ennemi, du 5 au 11 novembre 1918. »

DUCASSE Louis-Gabriel,

Sergent à la 17ᵉ Compagnie, du 212ᵉ d'Infanterie.

Citation : O/Régiment, nᵒ 195, du 16 septembre 1916 :

« Excellent sous-officier, sur le front depuis le début de la campagne. Chargé du 29 août au 5 septembre de la chaîne des coureurs, s'est beaucoup dépensé pour organiser le service malgré de violents bombardements. »

—

DULOR Paul-Jacques-Bernard,

Citation : O/Division, du 24 novembre 1915 :

« Officier d'une très grande valeur : brigadier de la Garde républicaine au début de la guerre, est venu au front sur sa demande, a fait preuve, depuis son arrivée au régiment, de qualités réelles de commandement, jointes à une grande bravoure et à une conscience absolue de son devoir. A été frappé mortellement au moment où, monté sur la banquette de tir, il montrait à ses hommes le travail d'organisation du parapet à faire à la nuit. »

—

ESTANGOY Joseph,

Soldat de 2ᵉ classe au 358ᵉ Régiment d'Infanterie.

Citation : O/Régiment, du 25 septembre 1918 :

« A fait preuve de courage et de ténacité. A aidé avec sa compagnie, sous des feux meurtriers, à empêcher toute progression de l'ennemi dans le bois de l'Argonne et des Ardennes. »

—

FARRAS Marcelin,

14ᵉ d'Infanterie, 3ᵉ Compagnie.

1ʳᵉ *Citation : O/Régiment, nᵒ 580*, du 18 juin 1917 :

« Très courageux. S'est particulièrement distingué aux combats du 22 et du 30 avril 1917. »

2ᵉ *Citation : O/Régiment, nᵒ 826*, du 18 juin 1918 :

« Merveilleux d'entrain, de calme et de bravoure, est resté sans relâche à son poste de combat au cours de la période du 31 mai au 10 juin 1918, malgré la violence des feux ennemis, donnant à tous le plus bel exemple du devoir. »

3ᵉ *Citation : O/Régiment, nᵒ 872*, du 10 août 1918 :

« A pris une part brillante aux combats des 17 et 18 juillet 1918, donnant sans cesse l'exemple du courage, de l'entrain et du dévouement, malgré les feux meurtriers des mitrailleuses ennemies. »

La 3ᵉ Compagnie du 14ᵉ Régiment d'Infanterie
(dans laquelle figurait FARRAS MARCELIN).

Citation : O/de la 2ᵉ Armée, nᵒ 315, du 31 juillet 1916 :

« Le 27 juin, sous le commandement du capitaine Mauvin, lancée en fin de journée à l'attaque d'une ligne allemande qui menaçait la droite de la brigade voisine, a réussi à désorganiser la troupe ennemie qu'elle avait devant elle et n'a été arrêtée dans son action que par un violent tir de barrage de l'artillerie allemande qui a écrasé Français et Allemands.

« Le 11 juillet 1916, sous les ordres du même capitaine, a arrêté le gros de l'attaque ennemie, lui infligeant des pertes très sévères et a fait preuve du plus grand moral lorsque, privée de son chef blessé, elle a continué à tenir tête, à vingt mètres de l'ennemi, en pleine action, sans officier, jusqu'au moment où un capitaine adjudant major est venu en prendre le commandement.

« Gᵃˡ NIVELLE. »

FEYDY PAUL,

Adjudant de la 7ᵉ Batterie du 14ᵉ d'Artillerie.

Citation : O/Régiment, nᵒ 16, du 19 avril 1917 :

« Excellent sous-officier, modèle de conscience et de dévouement. Au front depuis le début de la campagne. A assuré d'une façon parfaite le ravitaillement de sa batterie sous les bombardements les plus violents,

« A été blessé au cours d'un de ces ravitaillements. »

FITTE JEAN,

Du 14ᵉ d'Artillerie, 3ᵉ Batterie.

Citation : O/Régiment, nᵒ 19, du 16 mars 1918 :

« Comme téléphoniste s'est toujours fait remarquer par son courage et par son mépris du danger. Le 1ᵉʳ mars 1918, la batterie étant soumise à un violent bombardement d'obus toxiques, a rétabli les communications téléphoniques avec le commandant de groupe. Les lignes étant de nouveau coupées, est parti comme coureur et bien que renversé par un obus en traversant la zone battue a réussi à remplir complètement sa mission. »

FONTARABIE IGNACE,

12ᵉ d'Infanterie, Compagnie H. R.

Citation : O/Régiment, nᵒ 459, du 31 octobre 1918 :

« Au front depuis le début de la campagne, d'un zèle et d'un dévouement à toute épreuve. Au cours des rudes et sanglants combats du 8 au 19 octobre, a assuré l'approvisionnement des postes de secours de première ligne en matériel de pansements, malgré de violents bombardements et dans des circonstances souvent très difficiles. »

FORCAMIDAN CHARLES-MARIE-HENRI,

Engagé, caporal et sergent au 12ᵉ d'Infanterie, puis versé au 83ᵉ et ensuite au 59ᵉ.

1ʳᵉ Citation : O/Corps d'Armée, du 3 octobre 1914 :

« A fait preuve d'énergie, en ramenant à son poste de combat les hommes de sa section qui s'étaient dispersés à la mort de leur sergent. »

2ᵉ Citation : O/Division, du 20 mai 1917 :

« A entraîné sa section à l'assaut des tranchées ennemies, le 17 avril 1917, malgré un tir de mitrailleuses des plus meurtriers. »

3ᵉ Citation : O/Division, du 13 décembre 1917 :

« Très bon chef de section, énergique et courageux ; malgré un violent tir de barrage a brillamment entraîné sa section dans l'affaire du 19 novembre 1917, au Bois-le-Chaume. »

4ᵉ Citation : O/Division, du 19 mai 1918 :

« Sous-lieutenant Forcamidan, officier très brave au feu ; a fait preuve d'un courage et d'un sang-froid admirables en maintenant son unité sous un bombardement d'une violence extrême pendant les journées du 27, 28, 29 avril 1918, au château de Locre, qu'il a défendu et conservé malgré plusieurs attaques. »

Sous-lieutenant au 59ᵉ d'Infanterie, 10ᵉ Compagnie.

5ᵉ Citation : O/d'Armée, nᵒ 162, du 31 octobre 1918 :

« Officier d'élite, au cours d'une violente contre attaque ennemie, le 14 octobre 1918, à la tête du pont de Mont d'Origny, a tenu courageusement tête à un adversaire très supérieur en nombre et est tombé mortellement frappé après l'avoir repoussé et avoir brûlé toutes ses munitions. »

Citation posthume : Chevalier de la Légion d'honneur.

FOURCADE SIMON,

Sergent pilote à l'escadrille C 34, de la 52ᵉ division d'Inf.

1ʳᵉ Citation : O/Division, nᵒ 140 :

« Pilote excellent, très brave, plein de sang-froid, d'une conscience et d'un dévouement absolus.

« Est rentré à plusieurs reprises avec un avion

sérieusement atteint par les balles. Le 10 février, au cours d'une reconnaissance photographique a soutenu l'attaque de trois avions ennemis et permis, grâce à l'habileté de sa manœuvre, à son observateur de remplir toute sa mission. »

2ᵉ Proposition pour le grade d'adjudant du sergent-pilote FOURCADE Simon, juin 1918 :

« Excellent pilote et excellent gradé. Par son autorité morale a contribué à maintenir le moral des sous-officiers pilotes de l'escadrille à une période où elle venait d'être éprouvée par une série d'accidents mortels.

« Est digne à tous les points de vue de passer au grade supérieur et fera par la suite un excellent officier dans l'Aéronautique. »

———

FRÉCHOU Marcelin,

Soldat 3ᵉ Cⁱᵉ de Mitrailleuses.

Citation : O/Régiment, nº 267, du 8 juillet 1918 :

« Jeune soldat plein de courage et d'allant, a contribué par son tir à arrêter l'infiltration ennemie. Son caporal ayant été blessé, a pris le commandement de ses pièces communiquant à tous sa bonne humeur. »

———

GIMON Abel-Léon,

Sergent au 144ᵉ territ. d'Inf., Cⁱᵉ de Mitrailleuses.

Citation : O/Régiment, du 16 janvier 1916.

« Au front depuis le début de la guerre, a été blessé, pendant qu'il dirigeait les travaux de construction d'abris pour mitrailleuses. Sous-officier très courageux et très dévoué. »

———

GODEFROY Maurice,

Mobilisé comme sergent au 228ᵉ d'Inf., 18 Cⁱᵉ.
Grièvement blessé à Neuville-St-Waast, le 15 mai 1915.
Versé en mars 1916, au 110ᵉ d'Inf., 4ᵉ Cⁱᵉ :
il tomba glorieusement le 23 juin suivant à Troyon.

1ʳᵉ Citation : O/53ᵉ Division, du 6 juin 1915, comme sergent du 228ᵉ d'Infanterie :

« Blessé grièvement le 15 mai 1915, pendant qu'il entraînait sa demi-section en avant sous un feu très violent d'artillerie et de mitrailleuses. »

2ᵉ Citation : O/Régiment, du 8 juillet 1916, 110ᵉ d'Infanterie :

« Sous-officier de grande bravoure et d'un sang-froid admirable. A maintenu sa demi-section sous un bombardement violent. A été mortellement blessé. »

GOLTER Joseph,

209ᵉ d'Infanterie.

Citation : O/Régiment, du 12 novembre 1916 :

« Très bon soldat, toujours volontaire pour les missions dangereuses. Blessé dans le bois d'Avocourt, le 11 avril 1916, à son poste de combat. »

———

GOYES Félix-Jean,

212ᵉ d'Infanterie, 22ᵉ Compagnie.

Citation : O/Régiment, nº 6305, du 23 juillet 1919 :

« Excellent soldat, d'un grand courage, plein d'entrain et de dévouement. Tombé en brave à Fleury-Vaux-Chapitre, au cours de la grande bataille de Verdun. »

———

HORMIDAS Maurice-Thurce,

Capitaine au 54ᵉ d'Infanterie Coloniale, 2ᵉ Compagnie.

1ʳᵉ Citation : Chevalier de la Légion d'honneur. — *Journal officiel* du 30 octobre 1915, page 7834 :

« Très bon officier, consciencieux, dévoué, réunissant de nombreuses aménités. Commande sa compagnie avec beaucoup de distinction. »

2ᵉ Citation : O/Corps d'Armée, du 9 janvier 1916 (Dardanelles) :

« Chargé avec sa compagnie pendant la période du 1ᵉʳ au 7 janvier 1916, d'une mission difficile et dangereuse, a réussi, grâce à son sang-froid et à son ascendant personnel sur sa troupe, à mener à bien cette mission, malgré les violents bombardements auxquels, de jour et de nuit, sa compagnie a été soumise. »

3ᵉ Citation : O/Armée, du 31 août 1916 :

« D'un sang-froid remarquable sous le feu des mitrailleuses bulgares qui prenaient son unité de flanc, s'est personnellement arrêté pour observer, a exécuté une conversion qui a sauvé sa compagnie, l'a conduite au-delà des unités voisines, malgré un violent tir de barrage et l'y a maintenue en dépit de tout. »

4ᵉ Citation : O/Armée, du 26 décembre 1916 :

« Brillant commandant de compagnie, s'est fait remarquer aux Dardanelles; a montré les mêmes qualités de commandement, de bravoure et de ténacité aux affaires des 16, 17 et 18 août 1916, devant Dodzeli, à l'assaut du saillant de Kerrali, le 14 octobre et aux opérations de la Côte 1050, du 25 novembre au 3 décembre 1916. »

5e *Citation : O/Armée, n° 343*, du 5 novembre 1918 :

« Sortant de l'hôpital après blessure et après avoir refusé un congé, a pris les fonctions d'adjudant-major en pleine bataille et n'a cessé jusqu'à la fin de celle-ci d'être pour son chef un collaborateur des plus clairvoyants et des plus précieux. A fait une reconnaissance extrêmement périlleuse de laquelle il a rapporté des renseignements très importants. Est doué des plus belles qualités militaires et en particulier de la meilleure initiative et du courage des plus résolus. Trois fois cité. »

6e *Citation : O/Armée, n° 11.355, D.*, du 9 novembre 1918 :

Hormidas, Maurice-Tiburce (active), capitaine-adjudant-major au régiment d'infanterie coloniale du Maroc, a été nommé dans l'ordre de la Légion d'honneur au grade d'officier.

« Le 26 septembre 1918 à l'attaque de la Butte du Mesnil, le bataillon de tête du régiment se trouvant, dans un brouillard intense, exposé au feu de très nombreuses mitrailleuses, s'est résolument porté à l'extrême pointe de la ligne et a assuré ainsi la bonne direction des éléments de tête. Le 28 septembre, son chef de bataillon étant mis hors de combat, a pris le commandement de l'unité et a dirigé l'attaque avec une audace et une habileté consommées, dépassant de plus de 900 mètres le dernier objectif qui lui était assigné, malgré l'opiniâtre résistance de l'ennemi. Une blessure. Trois citations. »

La présente nomination comporte l'attribution de la Croix de Guerre avec palme.

7e *Citation : O/Corps d'armée. n° 415*, du 12 février 1919 :

« Au cours de l'attaque des rudes positions ennemies barrant les défilés de l'Argonne, a contribué pour une large part au succès de la journée pendant laquelle 210 prisonniers et 50 mitrailleuses furent capturés par le régiment. Bien que fortement intoxiqué pendant le combat, a assuré dans des conditions parfaites la coopération des efforts de tous dans la marche en avant, malgré les rafales violentes de mitrailleuses et d'obus. »

—

HOURCADE Jean,

3e Colonial.

Citation : O/Régiment :

« Soldat très brave et très courageux, a été blessé le 6 août devant X...., où il s'était particulièrement distingué. »

HOURCADE Jules-Victor,

Caporal-sapeur au 88e d'Infanterie, C. II. R.

1re *Citation : O/Régiment, n° 107*, du 12 octobre 1915 :

« Le 24 septembre 1915. malgré un bombardement intense, renversé deux fois par les obus, a néanmoins pu réussir à remettre à son colonel le pli qui lui avait été confié. »

2e *Citation : O/Brigade, n° 25*, du 21 juillet 1917 :

« Très bon gradé, très énergique et très courageux, s'est particulièrement distingué à l'attaque du 17 avril 1917. Blessé le 20 avril au cours d'un violent bombardement. »

—

JUNCA Isidore-François-Joseph,

Sergent au 288e d'Infanterie. 1re Compagnie de mitrail°°.

1re *Citation : O/Régiment*, du 13 avril 1916 :

« Sous-officier très brave et très courageux. occupait, du 21 février au 1er mars, le poste du passage à niveau de Forges. Par son attitude ferme et énergique, a fait incessamment travailler à la reconstruction de ses emplacements pour mettre sa section de mitrailleuses à même d'accomplir sa mission, malgré le bouleversement incessant de la position. »

2e *Citation : O/Brigade (134e)*, du 10 octobre 1916 :

« Dans les combats du 6 au 10 septembre 1916 a fait preuve d'une grande bravoure et d'un grand sang-froid, en se donnant à ses hommes en exemple continuel. »

—

KANCELLARY Edgard-Édouard-Joseph,

Sous-Lieutenant au 18e d'Infanterie.

Citation : O/Régiment, du 27 février 1916.

« Officier très courageux qui, blessé à 13 heures au moment d'une contre-attaque, qu'il exécutait dans le Bois Foulon, le 26 janvier 1915. n'a consenti à être évacué qu'à 20 heures, après la réussite de ce mouvement offensif. »

—

LABEYRIE René-Justin-Marie,

Capitaine au 218e d'Infanterie. 22e Compagnie.

1re *Citation : O/Division, n° 14 bis*, du 22 décembre 1914 :

« Aussitôt après la mort de son capitaine tué à proximité des tranchées allemandes, n'a pas hésité

16

à se porter, en plein jour, pour enlever le corps de cet officier. S'en est rapproché une première fois à une centaine de mètres, a dû rebrousser chemin sous le feu d'une patrouille allemande. A fait, peu après, une seconde tentative, ne s'est replié qu'après avoir essuyé de nouveau le feu de l'ennemi. »

2ᵉ Citation : O/Division, n° 77, du 13 juin 1916 :

« Commandant de compagnie des plus énergiques et des plus braves. N'a cessé de faire preuve des plus belles qualités de sang-froid et de commandement. A su maintenir l'ordre et la discipline dans sa compagnie, soumise pendant sa marche au bombardement le plus violent. Modèle de devoir et de modestie. »

3ⁿ Citation : O/1ᵉʳ Corps d'armée, n° 86, du 14 octobre 1918 :

« Officier énergique et brave, dévoué jusqu'à l'extrême limite de ses forces. Au cours de septembre 1918 a exécuté avec le plus complet mépris du danger plusieurs reconnaissances périlleuses ; en particulier le 1ᵉʳ septembre, s'est avancé à découvert jusqu'à 50 mètres d'un poste ennemi et n'a dû son salut qu'à la défaillance des occupants. Déjà, lors des combats sur la Somme, en avril dernier, avait, par son activité inlassable et son sang-froid rendu les plus brillants services. »

LABEYRIE Raoul,

Soldat de 2ᵉ classe au 144ᵉ d'Infanterie, 2ᵘ Bataillon, 7ᵉ Compagnie.

Citation : O/Régiment, n° 145, du 20 mai 1917 :

« Tué le 7 mai 1917 à son poste de guetteur qu'il ne voulait pas abandonner malgré une première blessure. »

LACOSTE Jean,

Décoré de la Médaille Coloniale et de la Médaille Commémorative du Maroc, d'où il rentre en France comme sergent-fourrier du 4ᵉ zouaves le 1ᵉʳ septembre 1914, après avoir été deux fois blessé, il est promu le 9 novembre 1916 sous-lieutenant et passe au 9ᵉ régiment de marche de zouaves.

Citation : O/Régiment, n° 209, du 23 décembre 1915 (comme sergent-fourrier au 4ᵉ Régiment de marche de zouaves, 18ᵉ Compagnie) :

« Excellent sous-officier très brave et plein d'entrain. Blessé une première fois au combat de Carlepont le 16 septembre 1914. Blessé de nouveau le 16 décembre 1915 au cours d'un violent bombardement au Segment, a donné un bel exemple de camaraderie en ne consentant à se faire soigner qu'après qu'il eût acquis la certitude qu'un caporal, blessé à côté de lui, était hors de danger. »

Citation posthume : Chevalier de la Légion d'honneur du 11 septembre 1919 :

« Officier énergique et animé du plus grand sang-froid. Tué le 17 avril 1917 à la tête de la section au cours de la progression. A été cité. »

LAENS Louis,

Maréchal-des-Logis au 231ᵉ d'Artillerie, 23ᵉ Batterie.

1ʳᵉ Citation : O/Régiment, n° 369, du 17 juillet 1917, du Colonel d'Artillerie divisionnaire, n° 77 :

« Sous-officier très courageux, qui a conduit pendant la période du 14 juin au 14 juillet 1917 les convois de munitions avec une autorité et une présence d'esprit remarquables, sur des routes très bombardées, assurant ainsi un ravitaillement difficile qui s'est, grâce à lui, toujours effectué dans de très bonnes conditions. »

2ᵉ Citation : O/Brigade, n° 59, du 30 novembre 1917 :

« Excellent sous-officier de liaison, très courageux, s'est particulièrement distingué lors des attaques du 23 octobre 1917. En liaison auprès d'un bataillon qui venait de repousser de violentes contre-attaques, a été chargé quelques heures après de se rendre compte de l'efficacité de nos tirs. Durant cette reconnaissance, étonné du calme subit de l'adversaire, a poussé de sa propre initiative jusqu'aux positions ennemies, permettant de constater que celles-ci venaient d'être évacuées. »

LAFENÊTRE Charles,

7ᵉ d'Inf. Coloniale.

Citation : O/Régiment, du 7 mai 1915 :

« S'est présenté comme volontaire pour combler, à quinze mètres d'une sape occupée par l'ennemi, un cratère provoqué par l'explosion d'une de nos mines. A travaillé sans relâche pendant trois heures et demie sous les balles et les bombes allemandes avec un mépris absolu du danger. »

LAFFITTE Jean

2ᵉ Canonnier auxiliaire du 3ᵉ R. A. P., 2ᵉ Cⁱᵉ d'Artillerie.

Citation : O/Brigade, n° 34, du 24 juin 1918 :

« Excellent observateur. Le 27 mai 1918, a occupé l'observatoire jusqu'au dernier moment, sous un bombardement extrêmement violent. Intoxiqué par gaz, a contribué à sauver les appareils du poste d'observation avant l'arrivée de l'ennemi. »

LAFON Jean-Marie

Canonnier-servant de 2e cl. au 115e d'Artillerie lourde.

Citation : O/Régiment, du 24 décembre 1916 :

« Fait partie du groupe de 95 depuis sa formation. A pris part aux opérations d'Alsace, de Metzeral, de Luige-Koff, de juin à septembre 1915, de l'Harmanswillerkopf, de décembre 1915 à janvier 1916, à Verdun depuis juin 1916. A toujours rempli avec intégralité ses fonctions de servant à sa pièce, même sous le plus fort bombardement. Homme d'un grand sang-froid et d'un grand dévouement. »

———

LAGARDE Étienne-Edmond,

Maréchal-des-Logis au 10e Groupe d'Artillerie d'Afrique, 3e Batterie.

A Fez, le 25 septembre 1917 : *Médaille militaire*,

1re *Citation : O/Armée, n° 45*, du 27 juillet 1917 :

« Pendant le combat du 6 avril 1917 a été grièvement blessé à son poste de chef de pièce, alors que sa section, étant prise sous un feu d'enfilade très violent, il se dépensait avec un grand sang-froid et un complet mépris du danger pour exécuter un tir rapide commandé par son chef de section. »

2e *Citation : O/Armée, n° 149*, du 9 juillet 1919 :

Adjudant à la 4e Batt. du 10e Gr. d'Artill. de campagne.

« Magnifique soldat. Aux combats du 5 avril 1919 devant Aïn-Mediouna, des 25, 26 et 27 avril 1919 dans la plaine de l'Ouergha et au camp de Kad Recifa, a commandé parfaitement sa section, toujours placée aux endroits les plus dangereux, infligeant les pertes les plus sévères à l'ennemi et enrayant plusieurs attaques rapprochées.

« Aux moments les plus difficiles, a donné l'exemple le plus parfait de courage et de discipline sous le feu, obtenant ainsi de sa section le rendement maximum. »

———

LAHILLE Marcelin,

Caporal au 287e Régiment d'Infanterie, 15e Compagnie.

Citation : O/Division :

« Quoique d'une classe ancienne, a toujours fait preuve d'un entrain admirable et d'un réel courage. S'est distingué pendant les attaques du 20 au 26 août 1917. »

(En même temps nommé sergent.)

———

LAMARQUE Auguste,

328e d'Infanterie, 19e Compagnie.

1re *Citation : O/Régiment, n° 138*, du 4 juillet 1918 :

« Soldat d'élite, s'est particulièrement distingué au cours d'une opération offensive, contribuant efficacement à la destruction d'abris et à la capture de prisonniers. »

2e *Citation : O/Régiment, n° 152*, du 11 août 1918 :

« Excellent soldat. Au cours des combats du 25 juillet, s'est particulièrement distingué en se portant résolument à l'assaut des positions ennemies. A, par son audace, forcé l'ennemi a abandonner les dites positions. »

———

LAPORTE Pierre-Antoine-Octave,

Vétérinaire au 2e Groupe du 250e Rt d'Art. de campagne.

Citation : O/Artillerie Divisionnaire, n° 70, du 16 juin 1918 :

« La 2e C. R. ayant perdu son chef, blessé et évacué, a fait preuve des plus grandes qualités de bravoure et d'énergie en contribuant à maintenir l'ordre et le calme dans l'unité, soumise à un bombardement des plus violents. »

———

LARCADE Jean,

23e d'Infanterie Coloniale, 2e Compagnie.

Citation : O/Régiment, n° 18 :

« Le 1er octobre 1917, pendant tout l'après-midi, a travaillé avec le plus grand courage au dégagement de sept de ses camarades ensevelis dans un abri sous un violent tir de minenwerfer. »

———

LARRÉ Armand, rue d'Artagnan,

18e d'Infanterie, 5e Compagnie.

Citation : O/Division, n 205, du 14 juillet 1918 :

« Grenadier remarquable, a été blessé au combat du 9 juin 1918 en se précipitant à coups de grenades sur une mitraillette boche dont il a tué les servants, a emporté la pièce capturée malgré sa blessure. »

———

LARRÉ Étienne,

239e d'infanterie, 4e Compagnie mitrailleuses.

1re *Citation : O/Régiment, n° 216*, du 3 août 1917 :

« Soldat courageux et dévoué. Blessé deux fois au cours de la campagne. »

Passé au 30e d'Infanterie, C. M. R., Peloton de 37.

2e *Citation* : O/*Régiment*, n° *45*, du 4 juillet 1918 :

« Tireur d'élite, soldat remarquable par son dévouement, a toujours fait preuve de sang-froid et de bravoure. S'est particulièrement distingué le 6 juin 1918. Tué à son poste de combat le 9 juin 1918. »

—

LARRIEU Louis-André,

Classe 1905, de la 2e C. M.

Citation : O/*Régiment*, n° *83*, du 28 septembre 1917 :

« Soldat courageux. Blessé le 28 février 1916 au fort de Vaux, pendant le travail. Blessure grave qui a nécessité la réforme. »

LARRIVIÈRE Félix-Joseph,

Soldat à la 2e Cie de Mitrailleurs du 417e d'Infanterie.

1re *Citation* : O/*Régiment*, n° *193*, du 9 avril 1917 :

« Courageux et résolu, s'est conduit très bravement aux divers combats du régiment, notamment aux combats des 3 et 4 avril 1917. »

Soldat de 1re cl. au 168e d'Inf., 2e Cie de Mitrailleuses.

2e *Citation* : O/*Régiment*, n° *11*, du 16 janvier 1918 :

« Mitrailleur actif et courageux, qui a très bravement fait son devoir le 25 novembre 1917 en se portant à l'assaut des positions ennemies avec une crânerie superbe.
« A assuré, en outre, d'une façon parfaite, le ravitaillement en munitions de sa pièce. »

3e *Citation* : O/*Division*, n° *130*, du 18 novembre 1918 :

« Envoyé dans la nuit du 15 au 16 septembre 1918 en première ligne pour rechercher la liaison avec les unités d'infanterie, s'est acquitté de cette mission avec succès, malgré un violent bombardement et les rafales de mitrailleuses. »

—

LATAPIE Auguste-Édouard,

Sous-Lieutenant grenadier au 12e d'Infanterie.

1re *Citation* : O/*Brigade* (245e), du 10 août 1916 :

« Officier très énergique et courageux. A dirigé sur un petit poste allemand un coup de main très délicat ; s'est particulièrement fait remarquer par son audace et son sang-froid. A été légèrement blessé à la main et au genou. »

2e *Citation* : O/*Division* (123e), du 21 février 1917 :

« Excellent officier plein d'entrain et de courage ; a conduit avec succès une contre-attaque et a réussi à chasser l'ennemi d'un petit poste qu'il venait d'occuper, maintenant ainsi l'intégrité de la ligne française. »

3e *Citation* : O/*Régiment*, n° *83*, extrait du *Journal officiel* du 21 mai 1917 :

« Par décret en date du 18 mai 1917, est nommé à titre définitif au grade de sous-lieutenant, pour prendre rang du 1er mai 1917, M. Latapie, Auguste-Édouard. »

4e *Citation* : O/*Corps d'Armée*, n° *317*, du 11 octobre 1917 :

« Belle figure de chef, véritable entraîneur d'hommes, sur le front depuis le début de la guerre, a pris une large part à toutes les actions du régiment : Oise, Marne, Aisne, Champagne, Verdun. Le 20 août 1917, s'est élancé à l'attaque à la tête de sa section, dont il avait enflammé l'enthousiasme par l'exemple d'une superbe crânerie. Voyant la progression de sa compagnie arrêtée par une mitrailleuse ennemie, s'est jeté en avant à la tête de ses hommes ; est tombé glorieusement en plein succès, frappé presque à bout portant. Déjà deux fois cité à l'ordre. »

—

LATU Joseph,

Brancardier au 144e Territorial d'Infanterie.

Citation : O/*Régiment*, du 12 octobre 1916 :

« Au front depuis le début. A toujours fait preuve d'un dévouement inlassable, assurant souvent, sous de violents bombardements, le transport des blessés, sans la moindre défaillance et avec un réel mépris du danger. »

—

LESTRADE André,

Chasseur de 2e classe à la 1re Compagnie du 2e Bataillon de Chasseurs.

Citation : O/*Bataillon*, n° *38*, du 19 septembre 1918 :

« Chasseur courageux et dévoué. A donné un bel exemple du mépris du danger, au cours de la contre-attaque ennemie du 20 août 1918. »

—

LOURET Dominique-Joseph.

289ᵉ Régiment d'Infanterie, 18ᵉ Compagnie.

Citation : O/Régiment, nᵒ 41, du 3 novembre 1916 :

« Excellent grenadier, courageux et dévoué, blessé le 22 octobre 1916, en repoussant une attaque à la grenade. »

—

LOUSTALET Narcisse,

83ᵉ d'Infanterie.

1ʳᵉ *Citation : O/Brigade (67ᵉ)*, du 21 septembre 1916 :

« Soldat méritant et du plus complet dévouement. Les 8 et 10 septembre 1916, a été volontaire pour effectuer des patrouilles qui ont pénétré dans un poste d'écoute allemand. »

2ᵉ *Citation : O/Corps d'Armée (17ᵉ)*, du 11 octobre 1916 :

« Toujours prêt pour les missions périlleuses, a pris part à plusieurs reconnaissances hardies, au milieu des défenses accessoires allemandes. En octobre 1916, a participé à l'exécution d'un coup de main sur un poste d'écoute et a ramené un prisonnier, après avoir essuyé le feu de l'ennemi. »

MARMAYOU Paul,

Caporal au 52ᵒ Colonial, 5ᵉ Compagnie.

Citation O/Division, nᵒ 90, du 14 décembre 1917 :

« Caporal courageux et dévoué, engagé volontaire de la classe 1919. Dans la nuit du 28 au 29 novembre 1917, étant chef de petit poste, soumis à un bombardement intense, précédant un coup de main, a été d'un bel exemple pour ses hommes, dont plusieurs ont été tués ou blessés. Grièvement blessé lui-même à son poste de combat. »

—

MARMAYOU Pierre,

Sapeur au 2ᵉ Génie. Compagnie D, 23/4.

1ʳᵉ *Citation : O/Bataillon*, attaque du 26 octobre 1917 :

« Sapeur énergique et courageux, ayant fourni tous ses efforts en commun avec ses camarades, est parti comme volontaire et a ramené jusqu'au poste de secours des sapeurs grièvement blessés. »

2ᵉ *Citation :*

« Sapeur de grand dévouement. Dans la nuit du 7 au 8 février 1918, précédant un coup de main, a été d'un bel exemple et a montré devant l'ennemi un courage des plus remarquables. »

MAUVEZIN Jules,

288ᵒ d'Artillerie lourde, État-Major.

Citation : O/Division, nᵒ 463, du 22 août 1918 :

« Excellent téléphoniste, courageux et dévoué, toujours volontaire pour les missions difficiles ; a rendu de grands services pendant l'offensive du 8 août, et a rétabli dans la nuit du 22 août, dans des circonstances périlleuses, les lignes téléphoniques du groupe, rompues par un bombardement de gros calibre. »

—

MAZOUÉ Louis,

Téléphoniste au 212ᵉ d'Infanterie, C. H. R.

Citation : O/Régiment :

« Excellent téléphoniste, engagé volontaire pour la durée de la guerre, modèle de vaillance et de dévouement. Bien que de classe ancienne, a participé comme volontaire à toutes les missions et patrouilles auxquelles le service téléphonique a collaboré ; s'était déjà fait remarquer comme soldat pendant les combats de mars et avril 1916, sous Verdun ; a fait preuve d'un remarquable courage et d'un sang-froid digne d'éloges, en assurant son service dans des conditions particulièrement difficiles, pendant la période du 28 septembre au 10 octobre 1917. »

Téléphoniste au 369ᵉ d'Infanterie, 25ᵉ Compagnie.

Citation : O/de la 3ᵉ Armée, nᵒ 651 :

« Téléphoniste d'un courage au-dessus de tout éloge. Durant les combats de mars à juin 1918, a assuré ses liaisons sous des feux violents d'artillerie et de mitrailleuses ennemies.

« Notamment, le 11 juin, son unité ayant été obligée de se replier, n'a suivi le mouvement qu'après avoir rompu toutes les lignes pouvant servir à l'ennemi, et ramené intact son matériel, faisant preuve du plus grand mépris du danger. »

—

MENET Édouard-Joseph,

Caporal au 288ᵉ d'Infanterie, 3ᵉ Cⁱᵉ de Mitrailleuses.

Citation : O/Brigade (134ᵉ), du 15 octobre 1916 :

« Armurier très courageux. S'est dépensé sans compter, les 6 et 7 septembre 1916, et a aidé volontairement à la mise en batterie d'une pièce. A fait preuve d'un mépris réel du danger. »

MONSEGUR Louis-Marie-Gabriel,

Chef du laboratoire de toxicologie de la 135ᵉ Divis. d'Inf.

Citation : O/Division, du 14 août 1916 :

« Pharmacien de haute valeur professionnelle, toujours prêt à marcher jusqu'à l'épuisement de ses forces, pour accomplir son devoir. A donné l'enseignement le plus complet aux troupes de la Division pour l'application des moyens de défense contre le gaz. Chargé de la surveillance des appareils collectifs et individuels du secteur, s'est acquitté avec un soin scrupuleux de sa mission par ses visites multiples dans des abris, des tranchées. A trouvé un produit chimique pratique pour reconnaître les masques usagés des masques en bon état, procédé mis en application au G.B.D. à la 125ᵉ. »

Lieutenant D. MONTAUT,

1ʳᵉ *Citation du 46ᵉ R. A. C., n° 96*, du 19 octobre 1915 :

« Le sous-lieutenant D. Montaut, de la 5ᵉ Batterie du 46ᵉ. Officier courageux et dévoué. Depuis son arrivée au Régiment n'a cessé de se distinguer par sa belle attitude au feu, en assurant des liaisons difficiles avec les premières lignes, notamment pendant les combats de fin septembre. »

2ᵉ *Citation de la 69ᵉ D. I., n° 193*, du 27 avril 1917 :

« Le sous-lieutenant D. Montaut de la 49ᵉ Batterie du 268ᵉ R. A. C.

« A assuré dans des conditions très difficiles l'occupation d'une position à proximité des lignes ennemies. A maintenu l'ordre et le service des pièces sous un tir parfois violent de l'artillerie ennemie. Belle attitude au feu pendant la période de préparation et le jour de l'attaque. »

3ᵉ *Citation de la 69ᵉ D. I., n° 287*, du 10 septembre 1918 :

« Le lieutenant D. Montaut, E. M. de l'A. D. 69.

« A collaboré très utilement à la mise en œuvre d'une très nombreuse artillerie durant les opérations de juin sur l'Aronde, et d'août et septembre dans l'offensive de l'Aisne, montrant une activité constante et faisant preuve de connaissances professionnelles étendues. Chargé de nombreuses reconnaissances, a accompli toutes ses missions avec un entrain remarquable, une énergie et une volonté qui ne se sont jamais démenties sous le feu de l'ennemi. »

OMER Julien,

144ᵉ Régiment Territorial d'Infanterie.

Citation : O/Brigade, du 17 septembre 1916 :

« Au front depuis le début de la campagne, modèle de courage et d'endurance. A guidé, sans la moindre hésitation, de nuit et de jour, en terrain découvert et violemment battu, pendant les attaques de septembre 1916, des convois d'approvisionnement des troupes engagées. Le 6 septembre, chargé de guider deux compagnies aux emplacements assignés, a accompli sa mission jusqu'au bout malgré un tir de barrage d'une extrême violence. »

PAGÈS Jean-Baptiste-Georges,

Soldat à la mobilisation,
Caporal au 144ᵉ territorial d'Infanterie en octobre 1914,
Sergent en janvier 1916,
Promu sous-lieutenant le 1ᵉʳ octobre 1916,
Affecté au 18ᵉ d'Infanterie le 15 octobre 1916,
Détaché le 13 avril 1917 au dépôt du 18ᵉ pour l'instruction de la classe 18,
Promu lieutenant le 1ᵉʳ octobre 1918.

Citation : O/Régiment, n° 31, du 20 mai 1916 (comme sergent au 144ᵉ territorial d'Infanterie, 2ᵉ Compagnie) :

« Au front depuis le début de la campagne, sert avec un sentiment profond du devoir. Dans la nuit du 10 au 11 avril 1916, au ravin de la Mort (Verdun), le chef de détachement étant blessé, a pris le commandement de la troupe qu'il a conduite avec décision sous un tir violent d'artillerie. La mission terminée, est revenu pour faire transporter les blessés au poste de secours. »

PAPILLON Théophile,

2ᵉ canonnier-conducteur à la 5ᵉ S. M. A. du 107ᵉ R. A. L.

Citation : O/du Groupe, du 14 août 1918 :

« Très bon chauffeur, consciencieux, dévoué et courageux. Dans la nuit du 22 au 23 juillet 1918, s'étant trouvé séparé du convoi par suite d'une panne de moteur, puis ayant été pris sous le feu avant d'arriver à la batterie, a néanmoins continué sa mission au prix de grosses difficultés, étant parvenu à la remplir après avoir travaillé plusieurs heures à se faire un passage sur un chemin défoncé par les obus. »

PAQUETTE Jean-Louis,

12e d'Infanterie.

1re Citation : O/Régiment, du 18 août 1916 :

« Grenadier d'élite du bataillon, s'est offert pour pour participer à l'attaque d'un petit poste; a montré les plus grandes qualités d'audace et de sang-froid, réussissant à ramener un prisonnier. »

2e Citation : O/Brigade, du 22 mai 1917 :

« Volontaire pour toutes les missions hardies et périlleuses. Le 10 mai est allé à quelques mètres des lignes ennemies préparer le terrain en vue d'une mission périlleuse. Déjà cité à l'ordre du Régiment. »

PARROCHE Pierre, dit Maurice,

Capitaine command^t le parc d'Artillerie de la 25e Division.

Citation : O/Brigade, n° 94, du 11 mai 1916 :

« Commandant un groupe de sections de munitions, au cours d'une période d'attaques difficiles en mars 1916, a obtenu d'elles, par son zèle et son entrain, un effort d'endurance remarquable qui a permis d'assurer dans de très bonnes conditions des ravitaillements intensifs de jour et de nuit sous un violent bombardement. »

Citation collective : O/Régiment, du 13 novembre 1916 :

« Pendant les combats sur la Somme du 21 octobre et du 7 novembre,

« Toutes les nuits, les sections de munitions du parc d'artillerie de la 25e division d'infanterie sous les ordres du capitaine Parroche :

« Commandées par les lieutenants Perocheau, Gabriel et le capitaine Grand,

« Ont exécuté des ravitaillements sur des positions violemment bombardées. Malgré les pertes subies par le feu de l'ennemi et les fatigues occasionnées par la longueur des étapes, dans les plus mauvais chemins et par les temps les plus affreux, elles ont rempli gaiement leur mission, chacun rivalisant de zèle dans ses fonctions.

« Comme les hommes des batteries, les hommes de ces sections ont bien mérité du pays. »

1re Citation : O/Division, n° 659 :

Le général Joba, commandant la 25e Division d'Infanterie, cite à l'ordre de la Division :

LE PARC D'ARTILLERIE DE LA 25e DIVISION.

« Pendant la période de préparation et d'exécution de l'attaque du bois d'Avocourt (20 août 1917), sous le commandement du capitaine Parroche, a fait preuve d'un dévouement absolu et de la plus grande bravoure dans le ravitaillement en muni-

tions de l'infanterie et de l'artillerie de la 25e Division.

« Nuit et jour, par des chemins défoncés soumis à de violents tirs d'interdiction d'obus explosifs et d'obus toxiques, et sur les positions mêmes des batteries qu'il ravitaillait au même titre que les échelons, a, au cours de la bataille victorieuse, fourni le concours non seulement le plus utile, mais le plus brillant, par sa belle tenue au feu. »

2e Citation : O/Division, n° 660 :

Le général Joba, commandant la 25e Division d'Infanterie, cite à l'ordre de la Division :

LE PARC D'ARTILLERIE DE LA 25e DIVISION.

« A la bataille du Grand Rozoy, le 29 juillet 1918, puis à celle de l'Orme du Grand Rozoy, le 1er août, sous le commandement du capitaine Parroche, s'est montré le précieux auxiliaire de l'infanterie et de l'artillerie, qu'il n'a cessé de ravitailler en munitions, sous les bombardements les plus violents.

« Poussant en avant ses caissons dans la poursuite de l'ennemi, jusqu'à la Vesle, puis jusqu'à l'Aisne, au nord de l'Aisne, a continué sa mission dans les circonstances les plus difficiles avec le même sang-froid et le même dévouement. »

PÉDAUGÉ Jean,

155e Rég^t d'Infanterie, 3e Compagnie de mitrailleurs.

1re Citation : O/Régiment, n° 115, du 6 août 1918 :

« Excellent soldat. Très belle attitude au feu en toutes circonstances. »

2e Citation : O/Régiment, n° 117, du 30 août 1918 :

« Très bon mitrailleur. Belle attitude au feu au cours des combats du 10 au 12 août 1918. »

PENELAUD

Automobiliste E. M. A. C. D.

Citation : O/Régiment, n° 220, du 6 août 1918 :

« Conducteur d'une camionnette, s'est fait remarquer par son sang-froid et son courage en pilotant sa voiture dans des régions soumises à de violents bombardements, particulièrement dans la période du 18 au 30 juillet 1918. »

PERRAMOND Jean,

12e d'Infanterie, C. H. R.

Citation : O/Régiment, n° 474, du 28 décembre 1918 :

« Bon soldat dévoué, énergique, consciencieux. Sur le front depuis le début, a fait vaillamment son devoir au cours de la campagne. »

PEY Jean-Firmin,

Sergent au 288ᵉ d'Infanterie,
Adjudant à la 3ᵉ Cⁱᵉ de mitrailleurs de la 134ᵉ Brigade,
Promu sous-lieutenant mitrailleur à la Brigade,
avec le motif suivant :

1ʳᵉ *Citation : O/Brigade*, du 30 juin 1916 :

« ...pour sa belle conduite au feu et son courage inébranlable. »

2ᵉ *Citation : O/Division*, du 26 septembre 1916 :

« Officier d'un grand courage. A l'attaque du 6 septembre, a pénétré le premier dans les lignes allemandes et à ramené deux prisonniers. »

3ᵉ *Citation : O/Corps d'Armée*, du 11 septembre 1917 :

« Officier d'une bravoure chevaleresque. Mort à son poste en surveillant le tir de ses mitrailleuses pendant une attaque ennemie sous un violent bombardement. »

PEYRAS Pierre,

Cavalier de 2ᵉ classe, 15ᵉ Dragons, 1ᵉʳ Escadron,
1ᵉʳ Peloton, S. 31.

Citation : O/Corps de Cavalerie, nᵒ 426, du 10 mai 1918 :

« Au moment de l'attaque du 25 avril 1918, s'est élancé sur la tranchée ennemie avec une extrême bravoure ; blessé d'un coup de revolver par un officier allemand, l'a abattu d'un coup de carabine. »

PORTERIE Jean-Baptiste,

53ᵉ d'Infanterie coloniale, 7ᵉ Compagnie.

Citation : O/Régiment, nᵒ 156, du 17 janvier 1918 :

« Très bon soldat ayant toujours eu une belle conduite au feu. Blessé deux fois dans l'accomplissement de son devoir. »

PRÉCHAC Aurélien-Maurice,

Adjudant au 237ᵉ d'Infanterie.

Citation : O/Armée, Décret ministériel du 13 août 1914, *Médaille militaire* :

« Très bon ancien sous-officier, absolument méritant par ses services et ses campagnes antérieures et les titres qu'il s'est acquis pendant la campagne actuelle. »

PUCHEU Jean-André,

Soldat de 2ᵉ classe au 144ᵉ d'Infanterie Territorial.

Citation : O/Régiment, nᵒ 29, du 2 décembre 1914 :

« S'est particulièrement distingué par sa coopération à la prise du village de Vermelles, par son attitude au feu et la façon dont il a accompli les différentes missions qui lui ont été confiées. »

DE PUJO Auguste,

Maréchal-des-Logis de la 7ᵉ Batterie du 14ⁿ d'Artillerie.

1ʳᵉ *Citation : O/Régiment*, nᵒ 30, du 20 juin 1918 :

« Excellent sous-officier. Au front depuis le début de la campagne. A fait preuve au cours des derniers combats de courage et de sang-froid dans ses fonctions de chef de section, apportant par ses qualités une aide précieuse à son commandant de batterie. »

2ᵉ *Citation : O/Division*, nᵒ 217, du 21 octobre 1918 :

« Chef de section, a secondé toujours merveilleusement ses chefs. Le 28 septembre après avoir donné l'exemple de calme et de sang-froid en mettant sa section en batterie sous un violent bombardement, a été blessé en se portant au secours d'un de ses hommes grièvement atteint par un éclat d'obus. »

RAMONÈDE Louis,

Clairon au 7ᵉ d'Infanterie coloniale, 27ᵉ Compagnie.

Citation : O/Régiment, du 1ᵉʳ septembre 1917 :

« Soldat brave et dévoué. Blessé en 1914 et le 16 avril 1917 en portant un ordre en première ligne sous un feu violent. »

REGNAUD Louis-Pascal,

Sous-Lieutenant au 3ᵉ d'Artillerie, 10ᵉ Division coloniale.

1ʳᵉ *Citation : O/Brigade*, du 1ᵉʳ novembre 1915 :

« S'est porté dans la tranchée de première ligne à cinquante mètres de la ligne ennemie, pour observer son tir sur les réseaux de fil de fer qu'il avait à détruire. Obligé de se découvrir sans cesse pour voir nettement les résultats de son tir, est resté constamment exposé à un feu violent sans perdre un instant son sang-froid et a très bien réglé son tir. »

229ᵉ d'Artillerie, 27ᵉ Batterie, S. 167.

2ᵉ *Citation : O/Corps d'Armée*, nᵒ 124, du 3 juin 1917 :

« Officier d'une bravoure et d'une énergie au-dessus de tout éloge, au cours de la préparation de l'attaque du 16 avril 1917, où sa batterie a été, pendant plusieurs jours, soumise au bombardement le plus violent, contusionné par un obus ennemi, n'en a pas moins assuré le commandement de sa batterie sans vouloir un instant quitter son poste pour se faire panser. »

SAINT-AGNÈS Ernest,

Lieutenant-Colonel. commandant le 361ᵉ Régᵗ d'Infant.

1ʳᵉ *Citation* : O/Armée, du 15 octobre 1914 :

« A su remarquablement entraîner le régiment de réserve qu'il commande ; a fait preuve, depuis le début de la campagne et dans les circonstances difficiles, du plus grand courage et du plus grand sang-froid. »

2ᵉ *Citation* : O/Armée, du 20 novembre 1914, motivant la croix d'Officier de la Légion d'honneur et la Croix de guerre avec palme :

« Commandant un régiment qui a été très fortement engagé depuis le début de la campagne, remarquable de calme et de sang-froid, a conduit au feu très brillamment son régiment de réserve. »

3ᵉ *Citation* : O/Armée, du 6 janvier 1916 :

« Officier supérieur d'un courage éprouvé, s'est particulièrement distingué le 27 septembre 1915, en conduisant son régiment sous un feu violent d'artillerie et en élevant par sa belle attitude le moral de sa troupe, qui s'est montrée superbe. Blessé très sérieusement le 27. »

Colonel commandant le 404ᵉ Régiment d'Infanterie.

4ᵉ *Citation* : O/Brigade, nᵒ 20, du 5 octobre 1917 :

« Chef de corps de grand mérite. Appelé à tenir un secteur particulièrement difficile a fait preuve des plus belles qualités militaires et a su résister à de nombreuses attaques sous les bombardements les plus violents. »

SAINT-AGNÈS Léon,

Caporal au 34ᵉ d'Infanterie. détaché au 224ᵉ.

Citation collective : O/Régiment, (224ᵉ), du 21 novembre 1916 :

« Partis volontaires pour une patrouille, sous un bombardement extrêmement violent, ont repoussé une patrouille allemande supérieure en nombre et ramené plusieurs prisonniers. »

DE SAINT-PASTOU DE BONREPEAUX Jean-Joseph-Armand,

Capitaine d'active à la 8ᵉ Cⁱᵉ du 50ᵉ Régᵗ d'Infanterie.

Citation : O/Armée, nᵒ 17.688 (D), du 23 mai 1919 :

« Officier d'un allant magnifique, commandant de compagnie de haute valeur morale. A été grièvement blessé le 23 août 1914 à Orgéo (Belgique) au moment où, soutenant la retraite de la Division, sa compagnie tenait sur sa position sous un feu d'artillerie extrêmement violent. »

DE SAINT-PASTOU DE BONREPEAUX Marie-Bernard-Joseph-Henri,

Capitaine au 58ᵉ d'Artillerie.

Citation : O/Armée, du 28 octobre 1915 :

« Officier qui commande avec autorité et s'est signalé aux combats des 23 et 24 septembre 1914 par sa belle attitude au feu. »

Fait Chevalier de la Légion d'honneur par même décret.

SAYOUS Joseph,

Sous-lieutenant au 318ᵉ, puis au 12ᵉ d'Infanterie.

1ʳᵉ *Citation* : O/Brigade, du 5 mars 1916 :

« Officier plein de zèle et d'entrain, méprisant le danger. A été blessé dans un endroit de la tranchée battue par une pluie de grenades, où il s'était spontanément rendu pour apporter à ses hommes le réconfort moral de sa présence. »

2ᵉ *Citation* : O/Armée, du 26 décembre 1918 :

Lieutenant à titre définitif (active) au 219ᵉ d'Infanterie.
Pilote à l'escadrille V. 109.

« Excellent pilote. Modèle d'énergie et d'audace ; a effectué de nombreux bombardements, dont deux à différentes reprises dans la même nuit, et a obtenu d'excellents résultats (incendies de gares, nuit du 18 au 19 octobre). Les 14 septembre et 10 novembre, accomplissait brillamment des missions très importantes, alors que les conditions atmosphériques rendaient tout travail impossible aux autres équipages. Volontaire pour les reconnaissances lointaines, effectuait dans la nuit du 16 au 17 septembre en particulier, une randonnée de plus de 500 kilomètres, à basse altitude, recueillant de précieux renseignements. »

SERRE Charles-Lazare,

Mitrailleur à la 5ᵉ Cⁱᵉ de mitrailleuses du 212ᵉ d'Infanterie.

Citation : O/Régiment, nᵒ 361, du 28 novembre 1917 :

« A pris part aux combats dans lesquels le régiment a été engagé en Lorraine et à Verdun. Mitrailleur d'élite. Le 3 octobre 1917 a fait preuve d'un grand sang-froid et d'un courage exemplaires au cours d'une attaque ennemie. D'un calme et d'une énergie exceptionnels, s'est fait remarquer par son absolu mépris du danger. »

SERROT Paul,

12ᵉ d'Infanterie, 7ᵉ Compagnie.

Citation : O/Régiment, nᵒ 425, du 3 septembre 1918 :

« Soldat très courageux. A été blessé le 19 août 1918, en se portant, sous un violent bombardement, à l'attaque des positions ennemies. »

SOUDAT Jacques,

Au 289ᵉ d'Infanterie, 15ᵉ Compagnie.

Citation : O/Régiment, nᵒ 115, du 27 décembre 1917 :

« Bon et brave soldat. Ayant toujours fait preuve du plus grand esprit de dévouement et d'abnégation. S'est maintes fois fait remarquer par son courage et son entrain, en particulier le 13 novembre 1917 en refusant de se faire évacuer malgré une intoxication sérieuse par gaz, voulant rester à son poste de combat jusqu'à la relève de son unité. »

TILMAN René,

Sergent-major à la 3ᵉ Compagnie, du 156ᵉ d'Infanterie.

Citation : O/Régiment, nᵒ 187, du 20 décembre 1917 :

« Chef de section courageux, a lancé et conduit résolument sa section jusqu'au but final. L'a maintenue en première ligne malgré une contre-attaque qui le prenait de flanc et a participé pour une large part à l'arrêt de cette contre-attaque. »

TOULOUSE Pierre-Philippe-Léon,

Adjudant territorial au 18ᵉ d'Artillerie.

Médaille militaire : 10 février 1916 :

« Excellent adjudant qui remplit ses fonctions, à la Section de munitions, avec un très grand dévouement depuis le début de la campagne. Très méritant. »

Sous-Lieutenant.

2ᵉ Citation :

« Le 22 juillet 1916 au cours d'un ravitaillement à Verdun, a, sous un bombardement assez violent qui avait blessé un conducteur et jeté le désordre dans les attelages, maintenu le calme et la discipline dans sa colonne. »

DE TOURNEMINE Henry,

Sous-Lieutenant à titre temporaire (active) au 88ᵉ Artillerie Lourde, 8ᵉ groupe.

Légion d'honneur :

Citation O/Armée : du 25 octobre 1917 :

« Officier d'une valeur remarquable, ayant donné de nombreux exemples d'un moral des plus élevés. Blessé grièvement le 17 septembre 1914 et réformé nᵒ 1 à la suite de ses blessures, a refusé sa réforme et repris du service immédiatement. En septembre 1916, chef d'un poste d'observation non protégé et établi sur un arbre, s'est attiré l'admiration de tous en faisant fonctionner son poste sous des bombardements fréquents de 21 centimètres, payant nuit et jour de sa personne et maintenant le moral de son personnel par le superbe exemple d'énergie qu'il donnait. Continue à être un modèle de bravoure et d'abnégation. (Croix de guerre). »

DE TOURNEMINE Pierre,

Sous-Officier du 18ᵉ d'Infanterie, 3ᵉ Compagnie.

Citation : O/Division, nᵒ 182, du 14 avril 1918 :

« Aspirant de Tournemine, sous-officier de première valeur. A fait preuve aux cours des combats des 27, 28, 29 et 30 mars 1918 du plus grand courage. A contribué à enrayer les attaques ennemies sur le front de la compagnie qu'il avait mission de protéger. A fourni de précieux renseignements sur les mouvements de l'ennemi. »

VEZIN Omer-Auguste-Gaston,

Sergent territorial au 283ᵉ d'Infanterie, 19ᵉ Compagnie.

Médaille militaire :

Citation : O/Corps d'armée, nᵒ 19.357, du 25 juin 1919 :

« Très bon gradé, toujours volontaire pour les missions dangereuses. A été gravement atteint le 8 septembre 1914 en faisant bravement son devoir devant Ippécourt. »

VINCENT JULES,

Soldat de 1re classe Rég¹ d'Infanterie coloniale du Maroc.

1ᵉ *Citation : O/Régiment*, du 5 janvier 1917 :

« Le 15 décembre 1916, a vaillamment subi le baptême du feu, marchant à l'assaut avec enthousiasme et supportant ensuite pendant 4 jours, avec bonne humeur et crânerie, le bombardement et les privations. »

2ᵉ *Citation : O/Brigade, n° 95*, du 20 décembre 1917 :

« Soldat donnant en toutes circonstances l'exemple de la bravoure ; a fait preuve d'un grand courage pendant l'attaque du 23 octobre 1917 et les jours suivants. »

3ᵉ *Citation : O/Régiment, n° 90* :

« Agent de liaison extrêmement actif, d'une bravoure remarquable. A assuré son service sous un violent feu de mitrailleuses. »

ORDRE GÉNÉRAL N° 529.

Le Général commandant la VIᵉ Armée, cite à l'Ordre de l'Armée,

LE RÉGIMENT D'INFANTERIE COLONIALE
DU MAROC

« Régiment d'élite, sous l'énergique commandement du Lieutenant-colonel Debailleul, a, le 23 octobre 1917, par une manœuvre audacieuse, difficile et remarquablement exécutée, encerclé et enlevé de haute lutte les carrières de Bohéry, s'est emparé ensuite des lignes de tranchées du Chemin des Dames que la Garde prussienne avait l'ordre de défendre à tout prix, puis progressant encore, sous un feu violent d'artillerie et de mitrailleuses, sur une profondeur de plus de deux kilomètres et demi, malgré des pertes sensibles, a atteint, avec un entrain admirable tous les objectifs, infligeant à l'ennemi de lourdes pertes, capturant 950 prisonniers, dont 14 officiers, 10 canons, dont 8 de gros calibre, 36 mitrailleuses et un nombreux matériel de guerre.

« Au Q. G. A., le 13 novembre 1917.

« Le Général commandant la VIᵉ Armée,

« Signé MAISTRE. »

Le Lieutenant-colonel Dubailleul commandant le Régiment d'Infanterie Coloniale du Maroc, certifie que le soldat Vincent Jules était présent au Régiment à cette date.

VINCENT JOSEPH,

34ⁿ Régiment d'Infanterie Coloniale, 21ᵉ Brigade.

1ʳᵉ *Citation : O/Régiment*, du 24 octobre 1917 :
« Très bon soldat, brave et dévoué. Une blessure. »

2ᵉ *Citation : O/Régiment, n° 233*, du 10 septembre 1918 :

« Très bon soldat. Au cours des derniers combats a donné à tous l'exemple du plus beau courage et du plus grand sang-froid. »

VIRAZELS ARNAUD-LOUIS-LÉON,

Lieutenant au 15ᵉ Dragons.

1ʳᵉ *Citation : O/Régiment*, du .... août 1914 :

« Dans la nuit du 7 au 8 août 1914, étant en reconnaissance, a eu affaire à des détachements ennemis ; a vaillamment foncé dessus. »

2ᵉ *Citation : O/Régiment*, du 29 mars 1917 :

« A exécuté dans les conditions les plus difficiles et sous un bombardement violent une reconnaissance au cours de laquelle il a repéré l'emplacement de 3 mitrailleuses. »

ANDREST

DE BARRY ALBERT,

Caporal au 7ᵉ d'Infanterie.

1ʳᵉ *Citation : O/Brigade, n° 3*, du 4 avril 1915 :

« Brillante conduite sous le feu. »

2ᵉ *Citation : O/Division, n° 132* :

11ᵉ d'Infanterie, 6ᵉ Compagnie, Sergent.

« Excellent sous-officier, exemple de courage et de dévouement. Obligé de prendre le commandement de la section lors de la contre-attaque du 19 avril 1917, a su, par des dispositifs judicieux, la maintenir sur sa position, brisant tous les efforts de l'ennemi. Blessé déjà deux fois au cours de la campagne. Déjà cité. »

———

BIÈRE Joseph-Marie,

Sergent au 37ᵉ Colonial.

Citation : O/Armée, Croix de Guerre :

« Le 23 juin 1915, a bravement conduit ses hommes à l'assaut de la Fontenelle (Vosges), les encourageant sous une véritable pluie de fer.
« Tué à la tête de sa section. »

———

CARRÈRE Alfred,

Maréchal-des-Logis, 14ᵉ d'Artillerie, 9ᵉ Batterie.

1ʳᵉ *Citation : O/Régiment*, du 11 août 1917 :

« Excellent sous-officier, au front depuis le début de la campagne.
« A pris part comme fantassin aux combats de l'Yser, où il a été intoxiqué par les gaz le 3 mai 1915. Passé dans l'artillerie, s'y est très bravement comporté, y rend des services très appréciés. »

2ᵉ *Citation : O/36ᵉ Division*, nᵒ 26, du 1ᵉʳ juillet 1918 :

« Sous-officier très courageux. A débuté au cours de la campagne dans l'infanterie. Blessé, passé dans l'artillerie, s'est toujours fait remarquer par son courage. A toujours accompli sa mission jusqu'au bout.
« Au cours des derniers combats, constamment à sa pièce, malgré la grande fatigue, a, par son entrain et son énergie, maintenu le courage de ses hommes, ce qui a permis à la batterie de remplir complètement sa mission. »

3ᵉ *Citation : O/Division*, nᵒ 217, du 21 octobre 1918 :

« Sous-officier très courageux. Passé de l'infanterie dans l'artillerie à la suite de blessures et d'intoxication, s'est signalé comme éclaireur, comme chef de pièce, par son énergie et son entrain. »

———

CENTVINGT Eugène,

Soldat de 2ᵉ classe, C. H. R., 416ᵉ d'Infanterie.

Citation : O/Division, nᵒ 541, du 11 novembre 1918 :

« Appelé avec ses camarades à réduire un centre de résistance avec leurs mortiers, ont été entourés par l'ennemi au cours de leur tir. Sommés de se rendre, ont brûlé toutes leurs munitions et se sont échappés en amenant la plus grande partie de leur matériel. »

———

ESCOUBES René,

10ᵉ Hussards, 10ᵉ Escadron.

Citation : O/Division, du 20 juillet 1916, à Avocourt, sous Verdun :

« Blessé d'un éclat d'obus, en portant un pli à un poste de commandement, a continué son service après un pansement sommaire et ne s'est laissé évacuer que sur l'ordre d'un officier. »

———

GESTAS Léon,

Caporal au 18ᵉ d'Infanterie, 3ᵉ Compagnie.

Citation : O/Régiment, du 19 mai 1917 :

« Caporal d'une réelle valeur, ayant son sergent blessé a pris le commandement de la demi-section et a maintenu, par son exemple, le moral et le courage de ses hommes au plus haut point malgré un bombardement des plus violents. »

———

GRECHEZ Jean-Édouard,

Classe 1916, 98ᵉ d'Infanterie, 10ᵉ Compagnie.

Citation : O/Régiment, nᵒ 662, du 1ᵉʳ avril 1918 :

« Grenadier d'élite. Le 28 mars 1918 s'est particulièrement distingué dans la défense d'un village violemment attaqué, disputant pied à pied le terrain à l'ennemi. »

———

LAFFORGUE Jean-Marie, Instituteur à Andrest,

Sous-Lieutenant au 144ᵉ d'Infanterie territorial.

Citation : O/Régiment, nᵒ 7, du 12 avril 1917 :

« Au front depuis 28 mois, a fait preuve d'endurance et de dévouement notamment à Verdun et dans la Somme en accomplissant, à la tête de ses hommes, des missions pénibles et dangereuses sur un territoire violemment bombardé. »

———

LANUSSE Joseph,

Vétérinaire auxiliaire au 18ᵉ d'Infanterie.
Vétérinaire aide-major de 2ᵉ classe à la 72ᵉ Brigade.

Citation : O/Brigade, du 20 avril 1916 :

« Sur le front depuis le début de la campagne, a fait preuve, en plusieurs circonstances difficiles et notamment les 23 août et 4 septembre 1914, de qualités militaires sérieuses et d'intelligente initiative, en prenant spontanément le commandement, sous le feu de l'artillerie, soit d'un groupe de voitures, soit d'un groupe d'isolés, les regroupant et les ramenant en bon ordre. A, en dehors de son service, secondé le commandement sans se ménager ; a eu un cheval blessé sous lui par un éclat d'obus. »

———

LAPORTE Guillaume-David,

83ᵉ d'Infanterie, 11ᵉ Compagnie.

Citation : O/Armée, G. Q. G., n° 2916, du 13 mai 1916, avec médaille militaire :

« Soldat dévoué et énergique, sur le front depuis seize mois, a toujours accompli son devoir d'une manière parfaite. Grièvement blessé le 28 avril 1916, amputé du bras droit. »

—

PÈNE Henri-Léon,

56ᵉ d'Artillerie de campagne.

Citation : O/Armée, du 9 février 1916 :

« Servant d'un canon de 58, a montré un beau courage sous un bombardement violent, en dégageant sa pièce ensevelie et continuant à la faire tirer. »

POUZAUD René,

2ᵉ Canonnier servant à l'État Major de l'A.L./10.

Citation : O/Corps d'Armée, n° 9, du 1ᵉʳ juin 1917 :

« Téléphoniste zélé et dévoué, s'est maintes fois signalé en allant réparer des lignes sous le bombardement. Le 14 mai 1917, se trouvant à proximité d'un dépôt de grenades en feu s'est rendu spontanément sur le lieu de l'incendie malgré le tir ennemi, pour porter secours aux blessés. »

—

SALIES Jean,

144ᵉ territorial d'Infanterie, 6ᵉ Compagnie.

Citation : O/Régiment, n° 11, du 23 juillet 1918 :

« Très bon soldat, a fait preuve de beaucoup de courage et d'énergie au cours des combats du 28 au 30 mai 1918. »

ARTAGNAN

BECAERT Paul,

1ʳᵉ *Citation : O/Division*, d'octobre 1914, — En Belgique, comme sergent au 3ᵉ d'Infanterie territoriale :

« Sous-officier très énergique. Chef de section d'avant-garde de sa compagnie, chargée le 7 octobre 1914, d'attaquer une ferme dans laquelle 25 gendarmes belges étaient prisonniers, a, par son action prompte et énergique, obligé l'ennemi, bien supérieur en nombre, à se retirer. »

2ᵉ *Citation : O/Régiment*, de mai 1916. — Défense de Verdun, comme adjudant même régiment :

« Au cours des travaux de la nuit du 7 au 8 mai 1916, a rendu courage à ses hommes pris sous un tir de barrage et de gaz délétères, en parcourant à découvert le front de son peloton et en le dirigeant habilement dans une zone battue. »

3ᵉ *Citation : O/Régiment*, de mai 1916. — Défense de Verdun, comme adjudant même régiment :

« Notamment dans la nuit du 17 au 18 mai 1916, où un premier transport d'eau ayant été effectué par ses hommes aux postes de première ligne, il est parvenu, malgré l'intensité du feu, et en se portant en avant pour entraîner ses hommes harassés, à en faire un deuxième que les ordres ne prévoyaient pas et que le commandant des troupes ravitaillées lui avait demandé instamment de faire. »

CAZARRÉ Jean,

415ᵉ d'Infanterie, 3ᵉ Compagnie de mitrailleurs.

Citation : O/Régiment, n° 855, du 27 novembre 1918 :

« Soldat mitrailleur dévoué et courageux. S'est particulièrement distingué pendant la période du 2 au 10 novembre 1918, où il a fait preuve de courage et de sang-froid. »

—

COMBESSIES Adrien,

18ᵉ d'Infanterie, 3ᵉ Compagnie de mitrailleurs.

1ʳᵉ *Citation : O/Régiment, n° 197*, du 19 mai 1917 :

« Soldat d'élite, s'est porté à l'assaut du plateau de Craonne le 4 mai 1917 avec le plus grand sang-froid et le plus grand courage. Le lendemain s'est reporté à l'attaque de la deuxième ligne allemande avec le même entrain, le même allant et le même succès. »

2ᵉ *Citation : O/Division, n° 183*, du 17 avril 1918 :

« Est resté avec deux de ses camarades seulement, a combattu jusqu'à la dernière limite et ne s'est retiré que lorsque toute résistance était devenue impossible. Blessé grièvement à son poste de combat le 28 mars 1918. »

COMBESSIES Marcel,
Soldat au 415ᵉ d'Infanterie.

Citation : O/*Régiment*, du 30 décembre 1917 :

« Jeune soldat, classe 1917, dévoué et plein d'entrain : bien que légèrement blessé le 27 décembre 1917, continua le service de surveillance, fut grièvement blessé le lendemain à son poste de combat. »

DE COULOMME-PEYRÉ Joseph-Gustave,
Sous-Lieutenant au 18ᵉ d'Infanterie.

1ʳᵉ *Citation* : O/*Armée* : Chevalier de la Légion d'honneur (*Officiel* du 4 juillet 1916) :

« Sous-lieutenant de réserve à titre temporaire au 18ᵉ régiment d'infanterie, compagnie de mitrailleuses : Officier très brave qui n'a cessé de se distinguer depuis le début de la campagne par ses qualités de courage et d'autorité. Au cours des combats de mai 1916, ayant à déplacer sa section en terrain découvert sur une position violemment bombardée, a procédé avec le plus grand sang-froid et une compréhension très nette des nécessités du combat. Grièvement blessé ne s'est laissé évacuer que par ordre. » (Pour prendre rang du 27 mai 1916.)

2ᵉ *Citation* : O/*Corps d'Armée*, nº 205, du 28 mai 1917 :

« Jeune officier venu de la cavalerie plein d'allant, a enlevé par deux fois sa section de mitrailleuses qui est arrivée en même temps que l'infanterie sur les positions conquises, a contribué par son action personnelle au maintien intégral des gains de deux jours de combat sur le plateau de Craonne. »

DAUNINE Jean-Louis,
342ᵉ d'Infanterie, 22ᵉ Compagnie.

Citation : O/*Division*, nº 159, du 12 janvier 1917 :

« Très bon soldat. A lutté jusqu'au bout avec sa compagnie, entourée par l'ennemi. A été grièvement blessé d'une balle reçue presque à bout portant. »

DAUNINE Léon-Narcisse,
174ᵉ d'Infanterie.

Citation : O/*Armée*, nº 3.508, du 20 août 1916 (décoration de la Médaille militaire) :

« Excellent soldat, modèle de courage, de sang-froid et d'entrain. A été grièvement blessé dans la tranchée de première ligne le 26 mai 1915. Perte de l'œil droit. »

DAURENSAN Léopold,
18ᵘ d'Infanterie, 33ᵉ Compagnie.

Citation : O/*Régiment*, du 7 novembre 1916 :

« Grenadier très brave, tombé glorieusement à l'assaut des tranchées allemandes le 23 octobre 1916. »

DUPRAT Pierre-Gustave-Fernand,
159ᵉ d'Infanterie, 2ᵉ Compagnie, soldat fusilier mitʳ.

1ʳᵉ *Citation* : O/*Régiment*, nº 124, du 25 octobre 1915 :

« Le soldat Duprat-Pierre, de la 4ᵉ compagnie du 159ᵉ régiment d'Infanterie, a entraîné, par son exemple et sa bravoure, ses camarades à l'assaut du 25 septembre, malgré un tir de barrage extrêmement violent, et a ainsi permis l'enlèvement d'une tranchée ennemie. »

2ᵉ *Citation* : O/*Régiment*, nº 188, du 2 décembre 1916 :

« Soldat fusilier d'un sang-froid et d'un courage remarquables. N'a pas hésité le 21 octobre à installer son fusil-mitrailleur en avant de la tranchée pour mieux battre les vagues ennemies qui avançaient dans nos lignes. »

3ᵉ *Citation* : O/*Régiment*, nº 290, du 14 avril 1918 :

« Excellent fusilier-mitrailleur ; soldat aussi brave que dévoué. Le 30 mars 1918 a pris part avec une unité voisine à une contre-attaque qui a permis de faire des prisonniers. »

4ᵉ *Citation* : O/*Brigade*, nº 15, du 9 mai 1918 :

« Soldat remarquable, déjà cité trois fois, tombé le 6 avril 1918 à sa place de combat près de son fusil-mitrailleur. »

DUPRAT Louis,
Caporal au 5ᵉ Régiment d'Infanterie, 1ʳᵉ Compagnie.

Citation : O/*Régiment*, nº 220, du 8 octobre 1918 :

« Gradé énergique et très crâne au feu. Le 4 septembre 1918 a exécuté des patrouilles hardies, concourant dans une large mesure à la réussite de l'opération. »

LAFFITTE Fernand,
Sergent au 12ᵉ d'Infanterie, 10ᵉ Compagnie.

1ʳᵉ *Citation* : O/*Régiment*, nº 481 :

« Gradé très consciencieux et dévoué. Le 12 octobre 1914 s'est élancé à la tête de sa section pour s'emparer de la ferme Heurtebise. Malgré les lourdes pertes de sa section, a su regrouper rapidement ses hommes et recommencer l'attaque trois fois. »

2ᵉ *Citation* : O/*Armée*, nº 10.929 :

M. Laffitte, Auguste-Fernand-Henri, mle 299,

Lieutenant de réserve au 59ᵉ régiment d'Infanterie, a été nommé dans l'ordre de la Légion d'honneur au grade de chevalier :

« Excellent officier ayant toujours eu une belle conduite au feu. A été blessé deux fois : le 12 octobre 1914 et le 12 février 1918, dans l'accomplissement de son devoir. Amputé de la main droite. »

LOMBARD Joseph,

2 14ᵉ d'Infanterie, 18ᵉ Compagnie.

1ʳᵉ *Citation* : *O/Régiment*, nᵒ 90, du 19 septembre 1916 :

« A pris une part active à la capture, particulièrement délicate, d'un détachement ennemi, d'un officier et de 32 hommes. »

2ᵉ *Citation* : *O/Division*, nᵒ 5, du 14 mai 1917 :

« Bon et brave soldat. le 11 mai 1917, faisant partie d'une section chargée de l'exécution d'un coup de main a fait preuve d'un allant et d'un entrain dignes d'éloges. »

MAILHES Jean-Pierre,

Soldat de 2ᵉ classe, 144ᵉ territorial d'Infanterie.

Citation : *O/92ᵉ Division*, nᵒ 45, du 7 juin 1915 :

« A la suite d'un bombardement violent ayant bouleversé le poste occupé par une partie de sa compagnie, a fait preuve de courage et de dévouement, en se portant au secours de ses camarades enfouis dans les décombres ; a contribué au sauvetage de plusieurs blessés. »

MARIN Denis,

4ᵉ Cuirassiers à pied, brancardier.

Citation : *O/Régiment*, de septembre 1916.

« Brancardier très dévoué et intrépide, s'est toujours offert le premier pour la relève et l'évacuation des blessés. notamment dans la nuit du 28 au 29 août, où, sous un violent bombardement, il s'est dépensé jusqu'à l'épuisement de ses forces. »

MARQUE-BOUARET Jean,

Sous-Lieutenant au 2ᵉ Tirailleurs, 7ᵉ Compagnie.

Citation : *O/Corps d'Armée*, nᵒ 175, du 30 avril 1917 :

« Officier de complément, provenant de la territoriale sur sa demande pour servir aux tirailleurs indigènes. Le 16 avril 1917, a entraîné sa section avec une énergique résolution à l'attaque de positions ennemies formidablement organisées ; atteint d'une balle au-delà de la première ligne allemande, se redressa dans un violent effort pour crier : « En avant les tirailleurs... nous les avons ! » une deuxième balle l'abattit à ce moment. »

MOUCHÈS Jean,

Caporal au 204ᵉ d'Infanterie.

Citation : *O/Régiment*, du 8 juin 1918 :

« Caporal grenadier a, par son attitude froide et résolue, permis une défense sérieuse du secteur confié à sa section. »

PINAQUI Joseph,

212ᵉ d'Infanterie.

Citation : *O/Division*, du 17 septembre 1916 :

« Modèle de courage : toujours volontaire pour les missions périlleuses. Enseveli, le 2 septembre, s'est dégagé : a sauvé un de ses camarades et a continué sa mission. — Mortellement blessé le 4 septembre 1916, à son poste. »

TURON Bernard,

12ᵉ d'Infanterie, 7ᵉ Compagnie.

1ʳᵉ *Citation* : *O/Régiment*, du 10 août 1918 :

« Excellent soldat, calme et courageux, au front depuis le début. S'est fait remarquer par sa belle attitude à l'attaque du 13 juin. »

2ᵉ *Citation* : *O/Régiment*, du 31 octobre 1918 :

« Soldat très courageux, a été blessé le 8 octobre en se portant à l'attaque des positions ennemies sur un terrain particulièrement battu par les mitrailleuses. »

VIDALE Gaston,

Sergent au 18ᵉ d'Infanterie, 3ᵉ Compagnie Mitrailleurs.

Citation : *O/Régiment*, du 25 mai 1917 :

« Gradé des plus braves et des plus courageux. Sous un bombardement des plus violents, le bataillon étant alerté, a tenu avec le plus grand sang-froid son poste de guetteur et a été blessé à son poste de combat. »

CAIXON

BEAULIES Maurice,

Médecin-Major de 1re classe.

A la prise de Taza (Maroc), le 10 mai 1914, cité à l'ordre du jour pour sa brillante conduite.

Citation : O/4e *Armée*, n° 30, du 13 janvier 1916 :

« Le médecin-major de 1re classe Beaulies, du 44e régiment d'infanterie, le 26 septembre 1915, apprenant que son colonel venait d'être blessé, s'est porté spontanément sur la première ligne sans se préoccuper du feu des mitrailleuses ennemies qui en un instant avaient mis hors de combat plusieurs officiers et hommes de troupe. A été tué en prodiguant ses soins à son chef. »

Décoration posthume : Chevalier de la Légion d'honneur, du 18 février 1920.

—

BEDOUT Joseph,

Capitaine commandant la 8e Batterie du 3e d'Artillerie de campagne.
Chevalier de la Légion d'honneur.

1re *Citation* : O/27e *Division*, n° 128, d'octobre 1915, à la suite de l'offensive de Champagne du 25 septembre 1915 :

« Depuis le début des hostilités a donné, partout, l'exemple du courage et de l'énergie, notamment en Belgique, en prenant le commandement du groupe, le chef d'escadron et les autres capitaines ayant été blessés ; en Champagne, à l'attaque du Bois Sabot, où sa batterie fut particulièrement éprouvée et enfin le 2 octobre dernier lorsque ses pièces ayant perdu le tiers de leur effectif, dans un bombardement d'obus de gros calibre, il se maintint à son poste donnant à tous un bel exemple de calme et de bravoure. »

2e *Citation* : O/151e *Division*, n° 90, du 23 juin 1916, pendant les combats sous Verdun :

« A fait preuve des plus belles qualités de commandement, en accomplissant, à l'entière satisfaction de ses chefs, toutes les missions qui lui ont été confiées, de jour et de nuit, dans des conditions souvent difficiles avec un personnel surmené et déjà éprouvé dès l'occupation de la position. »

—

Capitaine BERTRAND,

Chevalier de la Légion d'honneur, du 27 décembre 1918.

1re *Citation* : O/du 17e *Corps d'Armée*, du 25 février 1915, comme lieutenant :

« Le 16 février, marchant à la tête de sa section qui précédait une colonne d'assaut, a su communiquer à ses hommes son entrain. S'est distingué en organisant la tranchée conquise. »

2e *Citation* : O/*Armée*, en tête de sa compagnie, du 16 juin 1917, comme capitaine.

« Compagnie 31/2 du Génie sous le commandement du capitaine Bertrand.
« Surprise par une émission de gaz suivie d'attaque au moment où elle exécutait des travaux d'installation en première ligne, a immédiatement et spontanément pris une part active à la défense des tranchées ; a énergiquement contribué à rejeter les éléments ennemis qui y avaient pénétré et a fait preuve de la plus belle attitude sous un bombardement très violent. A, par la suite, participé avec beaucoup de dévouement, à l'évacuation des blessés. »

—

BORDENAVE Étienne,

72e Brigade, 14e d'Artillerie.

Citation : O/*Régiment*, n° 31, du 1er juin 1917 :

« Téléphoniste à l'équipe du Régiment. A toujours fait preuve de bravoure, de sang-froid et d'abnégation, notamment aux combats sur la Somme (janvier-février 1917). S'est à nouveau distingué dans la nuit du 25 au 26 mai 1917, en rétablissant à plusieurs reprises sous le tir de l'artillerie ennemie les lignes téléphoniques du groupement constamment coupées. »

—

BRONDES Joseph-Henri-Pierre,

Capitaine au 88e d'Infanterie.

Citation : O/*Armée*, du 5 août 1915 :

« Tombé glorieusement, le 30 décembre 1914, à la tête de sa troupe, alors que, donnant à tous le plus bel exemple de courage, il s'élançait, le premier, à l'escalade pour enlever de vive force une tranchée allemande très fortement défendue. »

—

CAMBLAT Louis-Léon,
Sergent au 412e d'Infanterie.

Citation : O/123e Division :

« Très bon sous-officier, très courageux, a été blessé le 9 juin, pendant que, bravement à la tête de ses hommes, il repoussait l'ennemi qui avait pris pied dans un petit poste. »

—

CASTAGNET Georges,
22e S. M. A., 224e R. A. C., 68e Division.

Citation à l'Ordre du Parc d'Artillerie : O/Régiment, du 25 mai 1918 :

« Auxiliaire précieux pour le chef de pièce qu'il a remplacé à plusieurs reprises pendant son absence. Toujours disposé à marcher pour les ravitaillements, où il se distingue par son dévouement et son courage. »

—

CÉLERY Célestin,
340e d'Infanterie territoriale, 10e Compagnie.

Citation : O/32e Corps d'armée, n° 635/A, du 7 septembre 1917 :

« Excellent sujet, travailleur et courageux ; a donné sous de fréquents bombardements l'exemple du courage et du dévouement. »

—

CLAVERIE François,
70e Bataillon de Chasseurs Alpins, 8e Compagnie.

1re Citation : O/Bataillon, n° 112, du 27 juillet 1917 :

« Excellent chasseur, a été blessé en faisant bravement son devoir devant Craonne en février 1915, a fait preuve de courage et d'entrain au cours des combats de septembre et octobre 1916. »

2e Citation : R. Esercito italiano, Comando supremo :

« Il le chasseur de 2e classe Claverie François *figlio di Jean Claverie n° 05.602 del 70e* Bataillon alpin de chasseurs à pied *è autorizzato a fregiarsi del distintivo istituito col Regio Decreto 21 maggi 1916, n° 641, ed a seriso della circolare n° 2.945 del 17 settembre 1917.*

« *Zona di Guerra, il 4 marzo 1918.*
« *Il Tenente colonnello*
« *Capo officio,*
« R. DE RENZIO. »

3e Citation : O/Bataillon. n° 165, du 14 novembre 1918 :

« Brave chasseur. Tué face à l'ennemi le 6 octobre 1918, à Lesdins en faisant vaillamment son devoir. »

—

DESQUIBES Pierre,
137e Régiment territorial d'Infanterie.

Citation : R. Esercito italiano, Comando supremo :

« Le soldat Desquibes, Pierre, *del 137e Régiment territorial Infanterie, è autorizzato a fregiarsi del distintivo istituito Col D. R. 21 maggio 1916, n° 641.*

« *Zona di guerra*
« *Il capo del Servizio informazioni.* »
Col. illisible.

—

DIDIER Jean-Marie-Paul,
21e Bataillon de Chasseurs.

Citation : O/Bataillon, du 18 septembre 1916 :

« Grenadier V. B. a fait preuve d'un grand courage au combat du 15 septembre 1916, en continuant à bombarder l'ennemi, sous un violent feu de barrage. »

Citation collective : O/Armée :

« Bataillon d'élite, au passé hors de pair. Le 23 octobre 1917, sous le commandement du chef de Bataillon Arnould, a emporté de haute lutte, avec une fougue, une décision et un entrain remarquables, les objectifs qui lui étaient assignés. Le 25 octobre, a accompli, avec le même entrain, la délicate mission qui lui était confiée, faisant en ces deux journées 400 prisonniers, capturant 21 canons dont 12 de lourds et de nombreuses mitrailleuses. »

—

DIDIER Henri,
Caporal au 52e d'Infanterie coloniale.

Citation : O/Régiment, du 15 décembre 1916 :

« Didier, Henri, caporal, blessé grièvement au cours des travaux de nuit exécutés en avant de nos lignes, à proximité et sous le feu de l'ennemi, n'a pas proféré une plainte et a regagné seul la tranchée, donnant ainsi un bel exemple de courage et de sang-froid. »

—

DUCLOS Auguste,
Caporal téléphoniste à la C. H. R. du 212e d'Infanterie.

Citation : O/Régiment, n° 357, du 24 novembre 1917 :

« Gradé d'élite d'un dévouement et d'une énergie au-dessus de tout éloge. Sur le front depuis septembre 1914, s'est partout fait remarquer par son sang-froid et sa vaillance. »

18

DUPIERRIS Éloi,

1re Compagnie du 125e d'Infanterie.

Citation : O/*Régiment*, n° *168*, du 7 mai 1919 :

« Bon soldat, ayant toujours eu une belle conduite au feu. A été blessé deux fois dans l'accomplissement de son devoir. »

—

GARDEY Jean-Paul,

Maréchal-des-Logis, 54e d'Artillerie de la 6e Division de Cavalerie.

Citation : O/*Division*, n° *365*, du 5 mai 1918 :

« Magnifique soldat. Pendant six heures d'un bombardement violent, s'est prodigué dans l'accomplissement de ses devoirs, donnant à tous un bel exemple de courage. »

Citation collective : O/*Armée*, n° *8*, du 31 mai 1918, à l'Artillerie de la 6e Division de Cavalerie :

« Magnifique groupe où l'héroïsme est vertu courante. Dans les combats récents, sous les ordres du commandant Duprat, s'est maintenu en batterie sur un des points où l'ennemi faisait les plus fortes concentrations de feux tirant sans arrêt jusqu'au dernier obus malgré un effroyable tir de destruction par obus de gros calibre et par obus asphyxiants. Ne s'est replié qu'après avoir été dépassé par le dernier fantassin, réussissant, sous le feu à très courte portée de l'infanterie ennemie, à ramener la majeure partie de son matériel. Avec les éléments restant utilisables, a immédiatement reconstitué une batterie qui est restée en position pendant quatre jours, répondant à toutes les demandes malgré une fatigue écrasante. »

—

LHOSTE Jean-Joseph,

Adjudant territorial, 9e Régiment de Dragons, détaché au 81e Régiment territorial, 3e Bataillon.

1re *Citation* : O/*Régiment*, du 13 juillet 1917 :

« Longs services actifs. S'acquitte de ses fonctions d'adjoint à un chef de bataillon avec une grande conscience et beaucoup de dévouement. »

2e *Citation* : O/*Régiment*, du 1er août 1918 :

« Serviteur brave et modeste, volontaire pour de nombreuses patrouilles. Auxiliaire précieux du chef de bataillon. A toujours été un modèle de conscience et de dévouement. »

(Attribution de la Médaille militaire.)

MANESCAU Urbain,

Soldat à la 21e Compagnie du 212e d'Infanterie.

Citation : O/*Régiment*, n° *7.374*, du 1er mai 1918 :

« A toujours été un vaillant soldat, faisant constamment preuve de courage et de dévouement. Tombé glorieusement pour la France en septembre 1916 devant Verdun. »

—

MIDAN Bernard,

Cavalier à la 10e Compagnie du 5e Régiment de Cuirassiers à pied.

Citation : O/*Régiment*, n° *20*, du 25 avril 1918 :

« Grenadier voltigeur, intelligent et brave, s'est distingué pendant l'attaque ennemie du 4 avril 1918. »

—

MIEYAN Auguste,

12e d'Infanterie.

Citation : O/*Armée*, du 26 septembre 1916 (Médaille Militaire) :

« Très bon soldat, a été grièvement blessé, le 29 mars 1916, à un poste de guetteur, dans la tranchée de première ligne. Perte de l'œil droit. »

—

MIEYAN Laurent,

12e d'Infanterie, 1re Compagnie.

Citation : O/*Corps d'armée*, n° *225*, du 4 janvier 1917 :

Le Peloton des sapeurs-pionniers et sapeurs-bombardiers du 12e régiment d'Infanterie (dont faisait partie Laurent Mieyan au moment de la préparation de l'attaque) a été cité dans les termes suivants :

« Sous l'énergique impulsion d'un chef remarquable, *le sous-lieutenant Commarieu*, a fourni pendant vingt jours un travail considérable rendu particulièrement difficile par les bombardements extrêmement violents et continus de l'ennemi ; a largement contribué au brillant succès de l'attaque dont il avait mission de préparer le terrain. »

—

OMER Bernard,

2e Canonnier servant à la 43e Batterie du 14e d'Artillerie.

Citation : O/*Division*, n° *32*, du 11 octobre 1916 :

« Très brave soldat. Sert une pièce depuis le début de la guerre, donnant à ses camarades le meilleur exemple de bravoure.

« Blessé le 3 avril 1916 est revenu à son poste avant guérison. »

—

PÉDEBIDAU Georges,

Agent de liaison au 133º d'Infanterie.

Citation : O/*Régiment*, nº 236, du 24 décembre 1918 :

« Agent de liaison d'un courage et d'un dévouement à toute épreuve. A assuré pendant les combats du 26 septembre au 30 octobre la transmission des ordres sous de violents bombardements et feux de mitrailleuses. »

—

POUEY Antoine-Abel,

2º Canonnier servant, 1ʳᵉ Batterie du 418ᵉ R. A. L.

Citation : O/*Corps d'Armée*, nº 115, du 19 août 1918 :

« Excellent servant. Remplit depuis son arrivée à la batterie les fonctions d'observateur. A rendu de très grands services au cours des récentes opérations.

« Légèrement blessé à son poste. »

—

SÉRÈS Jean,

118ᵉ d'Infanterie, 7ᵉ Compagnie.

Citation : O/*Régiment*, nº 470, du 22 novembre 1916 :

« Soldat brave et dévoué ayant beaucoup de sang-froid. A toujours été plein d'entrain et de bonne humeur malgré les violents bombardements qu'il a subis à Vaux du 9 au 16 novembre 1916. »

—

VIGNES Jean, Instituteur,

Sergent-Major à la 12ᵉ Compagnie du 12ᵉ d'Infanterie.

Citation : O/*Régiment*, nº 459, du 31 octobre 1918 :

« Sous-officier dévoué et consciencieux. A fait son devoir en toutes circonstances et spécialement le 14 octobre 1918 en ravitaillant l'unité malgré le feu intense de l'artillerie ennemie. »

—

VILA Timothée,

Caporal pilote, escadrille C/34.

Citation : O/*Armée*, nº 889, du 8 septembre 1917 :

« Pilote courageux, toujours volontaire, a donné des preuves répétées d'énergie et de conscience du devoir. A trouvé le 20 août 1917 une mort glorieuse dans un combat inégal contre trois avions ennemis. »

CAMALÈS

ABADIE Jean-Séverin,

Caporal-Infirmier au 18ᵉ d'Infanterie.

1ʳᵉ *Citation* : O/*Régiment*, du 6 juin 1916 :

« S'est fait particulièrement remarquer par son zèle et son dévouement pendant les journées des 24, 25 et 26 mai 1916, dans des circonstances extrêmement difficiles. »

2ᵉ *Citation* : O/*Régiment*, du 6 mai 1917 :

« Caporal-infirmier, joint à un savoir faire très étendu les qualités éprouvées de dévoûment et d'abnégation ; s'est fait remarquer pendant les combats des 5 et 6 mai, par son zèle et sa scrupuleuse conscience du devoir. »

—

BÉDOURET Jean-Arthur,

Canonnier-servant au 12ᵉ d'Artillerie de 58.

Citation : O/*Artillerie Divisionnaire*, du 2 novembre 1917 :

« Jeune servant courageux et dévoué ; s'est distingué au cours des combats d'octobre 1917 en assurant le service de sa pièce sous les bombardements les plus violents. »

—

DE COURRÈGES Pierre-Marie-François,

Sergent et Sous-Lieutenant au 2ᵉ d'Infanterie.

Citation : O/*Brigade*, nº 245, du 30 décembre 1916 :

« Officier d'une grande valeur morale et ayant une très haute idée de son devoir militaire. Chargé de constituer dans un secteur très violemment bombardé, des dépôts importants de vivres et munitions, s'est dépensé sans compter et s'est acquitté de sa mission d'une façon parfaite, grâce à l'énergie et à l'entrain que, par son exemple, il a su communiquer à ses subordonnés. »

DARAM Jean-Louis.

Citation : *O/Brigade*, du 1ᵉʳ mai 1915 :

« Agent de liaison, a contribué volontairement à plusieurs patrouilles et à plusieurs travaux dans des endroits exposés, battus et à découvert. A fait preuve du plus grand courage, toujours prêt à marcher avec entrain et dévouement. »

DUFFOURE Jean-Joseph,

12ᵉ d'Infanterie.

Citation : *O/Régiment*, du 2 septembre 1916 :

« Excellent soldat, courageux et dévoué : toujours volontaire pour la pose des défenses accessoires aux endroits les plus dangereux. Malgré les balles et les grenades, a rempli avec le plus grand courage cette mission en avant d'un petit poste, à proximité de l'ennemi, dans les nuits du 10 au 13 août 1916 ».

ESCURE Joseph,

Caporal au 127ᵉ d'Infanterie, 11ᵉ Compagnie.

Citation : *O/Régiment*, nᵒ 481, du 20 janvier 1919 :

« Sur le front depuis le mois de juin 1915, a pris part à toutes les opérations du Régiment et a toujours fait preuve de courage et de dévouement. Au mois de mai 1916 s'est particulièrement signalé aux combats de la Côte 304, repoussant à la grenade une attaque ennemie sur le petit poste qu'il défendait. »

JAUME P. C. M. M. Louis,

Lieutenant au 2ᵉ d'Artillerie lourde.

Citation : *O/Armée*, du 21 octobre 1914 (Chevalier de la Légion d'honneur) :

« Le 8 septembre, très grièvement blessé pendant qu'il dirigeait le tir de sa batterie, a fait preuve de la plus grande énergie et du plus grand sang-froid en transmettant au deuxième lieutenant les renseignements sur la conduite du tir.

« Au moment où les brancardiers le transportaient à l'ambulance, le lieutenant Jaume dit à un de ses camarades : « Quel dommage de ne pouvoir aller jusqu'au bout de la campagne! »

RAYNAL-CAZAUBON Jean-François,

Adjudant au 14ᵉ d'Artillerie.

1ʳᵉ *Citation* : *O/Division*, du 16 octobre 1914 :

« Dans l'engagement du 13 septembre 1914, a soutenu constamment, par son entrain et sa bonne humeur, le personnel qu'il commandait. »

2ᵉ *Citation* : *O/Ministre de la Guerre*, du 4 décembre 1915 (Médaille militaire) :

« A dirigé le tir d'une section avancée, pendant une attaque de nuit et a, dans une situation périlleuse, donné au personnel sous ses ordres l'exemple du courage et du sang-froid. »

SETZE Abel,

Sous-Lieutenant au 34ᵉ Groupe Artillerie assaut (tanks).

1ʳᵉ *Citation* : *O/Corps d'Armée*, 20 juillet 1918 :

« A conduit son char au combat avec courage et sang-froid. A eu son char détruit par un obus et a été blessé. »

2ᵉ *Citation* : *Ordre Armée*, nᵒ 1.378, 23 octobre 1918 :

« Chef de char atteint, au début du combat, au visage et au cou par des gaz vésicants. A continué à combattre neutralisant au canon une lisière de bois. N'a consenti à se rendre au poste de secours qu'après avoir ramené son char à la position de ralliement. »

TAMOR Jean-Marie,

1ʳᵉ Compagnie de Mitrailleurs du 18ᵉ d'Infanterie.

1ʳᵉ *Citation* : *O/Régiment*, du 6 juin 1916 :

« Tamor Jean a donné, dans la journée du 25 mai, le meilleur exemple de courage et d'énergie, maintenant par son entrain et son mépris constant du danger le moral de tous. »

2ᵉ *Citation* : *O/Régiment*, du 6 mai 1917 :

« Agent de liaison du 11ᵉ d'infanterie, soldat très courageux et très calme ; sous un bombardement des plus violents, a assuré des liaisons difficiles pendant les combats des 5 et 6 mai derniers. »

TEULÉ Élie-François, curé de Camalès,

Infirmier au 340ᵉ territorial d'Infanterie.

1ʳᵉ *Citation* : *O/Régiment*, nᵒ 58, du 15 février 1917 :

« Dévouement digne de tous les éloges, et d'un grand courage; par son entrain et son ascendant sur ses camarades, a toujours facilité le rôle de ses chefs. »

2ᵉ *Citation* : O/123ᵉ *Division*, nᵒ *158*, du 7 juillet 1918 :

Prêtre-brancardier, du 12ᵉ d'Infanterie,

1ʳᵉ Compagnie de mitrailleuses.

« E. Teulé, prêtre-brancardier, alliant au plus grand dévouement le plus beau courage, et le calme le plus tranquille. Toujours sur la brèche, sans souci du danger, a donné durant la période des 10, 11 et 12 juin 1918, la preuve d'un bel esprit de sacrifice, en allant, sous un feu d'une extrême violence, porter ses secours et ses paroles d'encou-ragement aux blessés et aux mourants » (2ᵉ citation).

3ᵉ *Citation* : O/*Division*, nᵒ *189*, du 1ᵉʳ novembre 1918 :

« Brancardier aumônier d'un courage hors de pair. Pendant la période d'attaque du 9 au 18 octobre 1918, n'a cessé de parcourir le champ de bataille sous des rafales de mitrailleuses et malgré les tirs de l'artillerie ennemie, pour assurer la relève des blessés de son bataillon et réconforter leur courage » (3ᵉ citation, étoile d'argent).

MARSAC

ABADIE Henri-Prosper,

Sergent au Régiment de marche de la Légion Étrangère, 3ᵉ Compagnie de Mitrailleuses.

1ʳᵉ *Citation* : O/*Division*, nᵒ 98, du 25 février 1915, étant Caporal au 2ᵉ Étranger :

« Étant commandé de patrouille, s'est parfaite-ment acquitté de son devoir, a fait preuve de sang-froid en retirant deux de ses hommes blessés sous le feu d'une mitrailleuse. »

2ᵉ *Citation* : O/*Division*, nᵒ 311, du 26 septembre 1915, étant Sergent au 2ᵉ Étranger, 3ᵉ Cⁱᵉ :

« Sous-officier énergique. Le 25 septembre 1915, en l'absence de son chef blessé, a pris le comman-dement de la section, a maintenu son unité sous le feu d'un tir de barrage, et n'a quitté son poste que lorsqu'il en a reçu l'ordre. »

3ᵉ *Citation* : O/*Armée*, nᵒ 195, du 18 mai 1917 :

« Sous-officier d'une bravoure et d'une énergie remarquables ; chef de section hors ligne, véritable entraîneur d'hommes. Toujours à la tête de sa troupe, s'est admirablement conduit au cours des combats du 17 au 21 avril 1917. Par d'heureuses dispositions et le tir précis de ses mitrailleuses, a assuré avec sa section la capture d'une batterie ennemie, mettant en fuite une compagnie d'in-fanterie qui la soutenait. »

4ᵉ *Citation* : O/*Division*, nᵒ 138 :

« Excellent sous-officier sur qui l'on peut compter. Pendant l'attaque du 26 avril 1918, a fait preuve des plus belles qualités militaires en en-traînant sa section d'une façon magnifique, payant de sa personne en donnant le bel exemple. A été grièvement blessé. »

5ᵉ *Citation* : O/*Division*, nᵒ 237 :

« Excellent sous-officier, d'un courage remar-quable. A entraîné sa demi-section à l'attaque du 18 juillet 1918 d'une façon superbe. Soumis à un violent bombardement, a, par son énergie, main-tenu tous ses hommes sur la ligne. S'est toujours fait remarquer par sa belle tenue au feu. »

6ᵉ *Citation* : O/*Armée* :

« Excellent gradé. S'est particulièrement dis-tingué au cours des attaques des 13 et 14 septem-bre 1918, en commandant son groupe de combat.

« A montré le plus bel exemple de courage et de mépris du danger en entraînant ses hommes à l'assaut des positions ennemies sous le feu des mitrailleuses. »

BARRICAU Désiré-Jacques,

108ᵉ Régiment d'Infanterie.

Citation posthume, du 22 février 1920 (Médaille militaire) :

« Soldat brave et dévoué, ayant toujours fait preuve des plus belles qualités.

« Mort glorieusement pour la France le 30 sep-tembre 1915 des suites des blessures reçues à l'ennemi. (Croix de guerre avec étoile de bronze).

BELIN François,

Sergent, puis adjudant-chef au 74ᵉ d'Infanterie, promu au grade de Sous-Lieutenant au 5ᵉ d'Infanterie.

1ʳᵉ *Citation* : O/*Régiment*, nᵒ 161, du 3 avril 1915, étant adjudant-chef au 74ᵉ d'Infanterie :

« Fortement contusionné par un éclat d'obus, a conservé le commandement de sa section ; puis, a établi dans des conditions difficiles, et sous le feu, un passage sur un canal à l'aide d'une péniche. »

2ᵉ *Citation* : *O/Régiment*, *nᵒ 175*, du 5 juillet 1916, étant Sous-Lieutenant au 5ᵉ d'Infanterie :

« Le Sous-Lieutenant Belin, du 5ᵉ d'Infanterie, malgré un bombardement très précis et très violent, a maintenu sa section sur une position fort importante, alors même que les éléments à sa droite s'étaient repliés. »

—

CARIAC Auguste,

Clairon au 59ᵉ d'Infanterie.

Citation : *O/Régiment*, *nᵒ 150*, du 2 octobre 1916 :

« Blessé le 8 septembre 1914, a été blessé une deuxième fois le 10 mai 1915. Revenu sur le front le 26 septembre 1915, a toujours servi avec dévouement. »

—

CARRILLON Marie-Marcelin,

Soldat au 144ᵉ Régiment territorial d'Infanterie.

1ʳᵉ *Citation* : *O/Régiment*, *nᵒ 18*, du 6 août 1917 :

« Très bon soldat. Au front depuis le début. A été blessé dans le secteur d'Aix-Noulette. »

2ᵉ *Citation* : *O/de l'Artillerie Divisionnaire*, *nᵒ 38*, du 12 novembre 1917 :

« Venu en renfort d'un régiment territorial à une batterie pour la préparation de l'attaque du 23 octobre 1917, a fait preuve de beaucoup de courage et de dévouement. »

—

DUSSAC Barthélemy,

328ᵉ Régiment d'Infanterie, 19ᵉ Compagnie.

1ʳᵉ *Citation* : *O/Brigade*, *nᵒ 59*, du 11 octobre 1917 :

« Jeune soldat plein d'entrain, très courageux. Le 1ᵉʳ août 1917, entouré par l'ennemi, lui a échappé en combattant à la grenade. Devenu agent de liaison, s'acquitte fort bien de cette nouvelle fonction dans laquelle il fait preuve de beaucoup de bravoure et de résolution. »

2ᵉ *Citation* : *O/Régiment*, *nᵒ 189*, du 23 janvier 1919 :

« Agent de liaison courageux ; a accompli plusieurs missions périlleuses pendant les combats du 10 au 13 octobre 1918. »

—

LACAZE Paul-Joseph,

Soldat mitrailleur au 236ᵉ d'Infanterie.

Citation : *O/Division*, *nᵒ 144*, du 4 décembre 1916 :

« Très bon soldat, consciencieux, le 10 novembre 1916, malgré un violent bombardement, est resté ferme à son poste de guetteur, où il a été mortellement atteint. »

—

LARROUDET Pierre-Gaston,

Maréchal-des-Logis au 24ᵉ Régiment d'Artillerie.

1ʳᵉ *Citation* : *O/Division*, *nᵒ 58*, du 26 juillet 1916 :

« Excellent sous-officier, s'est signalé par sa belle attitude au feu dans toutes les circonstances difficiles de la campagne. Grièvement blessé le 7 mai à son poste de combat au moment où, sous un feu intense d'artillerie lourde, il commandait avec le plus grand sang-froid un tir de barrage de sa pièce. »

2ᵉ *Citation* : *O/Division*, *nᵒ 3.405*, du 4 août 1916, la Médaille militaire a été conférée au militaire dont le nom suit : LARROUDET. Pierre-Gaston, mˡᵉ 3.567, Maréchal-des-Logis au 24ᵉ d'Artillerie :

« Excellent sous-officier. S'est toujours distingué par son courage et son sang-froid sous les bombardements les plus violents. Très grièvement blessé le 7 mai 1916. Amputé de la cuisse gauche. »

—

SAURA Charles,

Sergent au 18ᵉ d'Infanterie, 3ᵉ Compagnie.

Citation : *O/Régiment*, *nᵒ 193*, du 16 avril 1917 :

« Très bon sous-officier, très consciencieux, dévoué et courageux, blessé déjà une fois, a été tué le 16 avril 1917 à son poste de combat. »

—

SAVE François,

212ᵉ Régiment d'Infanterie.

Citation, de novembre 1917, égarée ou volée par les Allemands.

—

SENGÈS, André,

230ᵉ Régiment d'Infanterie, 17ᵉ Compagnie.

Citation : *O/Brigade*, du 6 novembre 1915 :

« En liaison auprès du capitaine, s'est élancé à la suite de celui-ci, sous une violente fusillade et un feu de barrage d'artillerie extrêmement intense. »

—

VILLENAVE-DE-MARSAC

CARIAC Michel,

Grenadier VB à la 19e Compagnie

du 212e Régiment d'Infanterie.

1re *Citation* : O/*Régiment*, n° 355, du 24 novembre 1917 :

« Grenadier d'une énergie remarquable et possédant un haut sentiment du devoir. Au front depuis trois années, de 1914 à 1917, a donné en toutes circonstances l'exemple d'un dévouement inlassable et d'une vaillance digne d'éloges. »

93e Régiment d'Infanterie.

2e *Citation* : O/*Régiment*, n° 371, du 15 octobre 1918 :

« A été toujours un modèle de bravoure et d'énergie. S'est fait tout particulièrement remarquer pendant les combats du 26 septembre au 4 octobre 1918. »

LACAZE Paul,

144e Régiment d'Infanterie, 5e Compagnie.

1re *Citation* : O/*Régiment*, du 6 mai 1917 :

« Excellent soldat, d'un courage et d'une énergie remarquables. Le 6 mai 1917, au cours d'une progression difficile, a établi la liaison interrompue avec un bataillon voisin dans une zone particulièrement battue par l'artillerie et les mitrailleuses ennemies. »

2e *Citation* : O/*Régiment*, n° 211, du 1er mai 1918 :

« Très bon soldat, énergique, courageux. Blessé le 26 mars 1918 à son poste de combat. »

LAPORTE Édouard,

Soldat au 62e Régiment d'Infanterie, 9e Compagnie.

1re *Citation* : O/*Régiment*, n° 70, du 15 mai 1917 :

« Soldat grenadier, a réussi à arrêter, avec quelques camarades, grâce à son sang-froid, une contre-attaque allemande, le 5 mai 1917. »

2e *Citation* : Égarée ou volée par les Allemands.

NOUILHAN

COURTIADE Jules,

12e Régiment d'Infanterie, 1re C. M.

Citation : O/*Régiment*, n° 474, du 28 décembre 1918 :

« Excellent soldat, au front depuis le début de la campagne. A, à plusieurs reprises, dans des secteurs soumis à des tirs très violents, participé au ravitaillement de la première ligne en vivres et matériel, avec un calme absolu et un mépris complet du danger. »

DABOS Eugène,

4e d'Infanterie coloniale, 27e Compagnie.

Citation : O/*Armée* :

« Caporal au 54e Régiment d'Infanterie coloniale. Très bon caporal; a fait preuve de courage au combat du 16 août 1916. A perdu un œil. » (Croix de guerre et Médaille militaire).

DABOS Jean-Bertrand-Eugène,

Caporal au 54e Rég' d'Infanterie Coloniale.

1re *Citation* : O/*Division*, n° 13, du 27 août 1916 :

« Gradé intelligent, calme et énergique, s'est particulièrement distingué en allant faire une reconnaissance avec une poignée d'hommes seulement à travers les lignes ennemies. »

2e *Citation* : O/*Régiment*, n° 121, du 28 octobre 1916 :

« Très bon gradé, courageux et énergique. Blessé le 16 août 1916 à Doïdzéli (Serbie), en faisant bravement son devoir à la tête de son escouade. »

DABOS Léopold,

201e d'Infanterie, 22e Compagnie.

Citation : O/*Brigade*, n° 52, du 25 avril 1917 :

« Soldat calme, froid, résolu, a rempli, à la satisfaction de ses chefs, les missions les plus périlleuses. Tué en montant à l'assaut. »

DESQUERRE Bertrand-Narcisse,

12e Régiment d'Infanterie, 9e Compagnie.

Citation : O/Régiment, n° 195, du 24 octobre 1917 :

« Excellent soldat, d'un courage et d'une conscience admirable. A été blessé grièvement le 14 janvier 1916 en assurant son service de guetteur en un point particulièrement menacé par l'ennemi. »

FAUQUE Sylvain,

212e Régiment d'Infanterie, 5e Compagnie mitrailleuses.

Citation : O/Régiment, n° 355, du 24 novembre 1917 :

« Mitrailleur d'une énergie remarquable et possédant un haut sentiment du devoir. Au front depuis trois années, de 1914 à 1917, a donné en toutes circonstances l'exemple d'un dévouement inlassable et d'une vaillance digne d'éloges. »

LABADIE Marcel,

Sergent au 107e d'Infanterie, 12e Compagnie.

Citation : O/Régiment, n° 62, du 25 août 1915 :

« Bon sous-officier, s'est distingué au cours des différentes patrouilles dont il avait le commandement ; surpris par un observateur allemand le 24 août 1915, n'a pas perdu son sang-froid et a tiré sur lui, l'obligeant à se réfugier dans la sape d'où il émergeait. »

LAPORTE Raymond-Joseph-Léopold,

Sergent au 12e d'Infanterie,

2e Section de la 1re Compagnie de Mitrailleuses.

Citation : O/Division, n° 9, du 6 mai 1917 :

Cette citation comporte :

1° L'attribution de la Croix de guerre avec étoile de bronze au sergent Laporte ;

2° Et le droit, pour la 2e Section de la 1re C. M., d'avoir un fanion à la hampe duquel sera fixée une Croix de guerre avec étoile de bronze.

« Section de mitrailleurs en tous points remarquable. Sous la direction de son chef, le sergent Laporte constitue un élément de combat qui a fait ses preuves. Depuis sa formation, a arrêté *trois attaques allemandes*, parties à très courtes distances de ses pièces.

Le 14 avril 1917, a fait de nouveau preuve d'un courage inébranlable en maintenant continuellement son tir sur le flanc gauche des groupes d'assaut ennemis, bien qu'elle fut directement prise à partie par des lance-bombes de tous calibres et qu'elle eût perdu la moitié de son effectif. »

2e *Citation* : O/Division, n° 63, du 5 juillet 1918 :

« Excellent sous-officier mitrailleur.

« Au cours des durs et sanglants combats des 10, 11, 12 et 13 juin 1918, a été pour ses hommes un bel exemple de courage et d'énergie.

« Par la précision du tir de ses pièces, a contribué pour une large part à enrayer toute avance ennemie, en lui causant des pertes très élevées. »

3e *Citation* : O/Corps d'Armée, n° 341, du 24 septembre 1918 :

« Sous-officier chef de section remarquable de courage et de sang-froid.

« Durant la période du 10 au 21 août 1918, a eu successivement deux mitrailleuses détruites par les obus. Atteint sérieusement par les gaz, n'en a pas moins maintenu très haut le moral de ses hommes, les conduisant dans un ordre parfait à l'assaut des positions ennemies sous un feu meurtrier. Déjà deux citations. »

4e *Citation* : O/Régiment, n° 359, du 31 octobre 1918 :

« Excellent sous-officier, au front depuis le début de la campagne, a toujours fait preuve de courage, de sang-froid et d'initiative. A été blessé à son poste de combat le 10 octobre 1918. »

5e *Citation* : O/Armée, n° 17.312, au Grand Quartier Général, le 14 mai 1919 :

La médaille militaire a été conférée au sergent territorial Laporte, Raymond-Léopold, 1re Compagnie de mitrailleuses du 12e Régiment d'Infanterie :

« Sous-officier chef de section de mitrailleuses remarquable de courage, de sang-froid et d'énergie. A fait toute la campagne et a pris part à toutes les actions du 12e Régiment d'Infanterie.

« Blessé très grièvement à son poste de combat le 11 octobre 1918, à la Côte 153 (région de Saint-Quentin), ne s'est rendu au poste de secours qu'après avoir passé une consigne très précise à son remplaçant.

« Amputation de la main. Trois citations. »

La présente citation comporte l'attribution de la Croix de guerre avec palme.

MOUNOU Jean-Marc,

14e Régiment d'Infanterie, 8e Compagnie.

Citation : O/Régiment (texte égaré).

PANIE-DUJAC, Jean-Baptiste,

Sergent du 144e R. I. T., 6e Compagnie.

Citation : O/Bataillon, n° 3, du 22 décembre 1918 :

« Excellent sous-officier, très dévoué, a toujours fait preuve d'une profonde abnégation et d'un grand courage dans les opérations auxquelles il a participé, notamment : Artois, Verdun, Champagne et Somme. Au front depuis le début de la guerre. »

PIC Joseph-Gabriel,

414e Régiment d'Infanterie.

Citation : O/Régiment, du 22 janvier 1917 :

« Appelé par un chef de section pour contre-attaquer, s'est disputé l'honneur de marcher en tête de la section ; est arrivé le premier sur le petit poste, d'où l'ennemi a été chassé, et a déployé immédiatement la plus grande activité à remonter, sous le bombardement, un barrage, en sacs à terre, qui venait d'être démoli. »

PIC Jean-Paul,

Caporal territorial à la 1re Compagnie
du 12e Régiment d'Infanterie.

Citation : O/Corps d'Armée, n° 21049 (D), du 30 juillet 1919 :

« Excellent gradé qui a toujours servi à l'entière satisfaction de ses chefs. Grièvement blessé au cours des durs combats du 10 juin 1918 devant Compiègne. Une blessure antérieure. »

PUJO

CAMBLAT François,

1er Canonnier conducteur, 2e C. de R.

Citation à l'Ordre du 202e R. A C., du 24 février 1919 :

« Excellent conducteur. A assuré de nombreux ravitaillements, faisant preuve de courage et de sang-froid dans des circonstances souvent difficiles. »

CAUSSADE Théophile,

Chasseur à pied au 30e Bataillon, 4e Compagnie.

Citation : O/Bataillon, n° 22, du 4 août 1917 :

« Bon chasseur, blessé deux fois en faisant bravement son devoir. »

DAVERAN Jean-Henri,

1er Canonnier conducteur à la 26e Batterie
du 218e Régiment d'Artillerie.

Citation : O/Régiment, n° 127, du 13 novembre 1917 :

« Excellent conducteur, dévoué et courageux. Le 22 février 1916, a pu, grâce à son sang-froid, dégager sous un violent bombardement de nuit, un camarade dont l'attelage était tombé dans un trou d'obus. »

DUCASSE Jules-Eugène-Daniel,

Sergent au 12e d'Infanterie ;
Nommé Sous-Lieutenant au 144e d'Infanterie en 1916.

Citation : O/Corps d'Armée, du 23 octobre 1914 :

« Belle conduite au feu. A l'attaque de la ferme d'Heurtebise (plateau de Craonne), grièvement blessé au début, a continué de s'occuper de ses hommes, et n'a consenti à se faire relever qu'à la fin du combat. »

DUPONT Jean-Marie,

Caporal au 144e R. T. I., 7e Compagnie.

1re *Citation : O/Régiment, n° 26*, du 10 novembre 1917 :

« Au front depuis le début de la campagne. N'a jamais été évacué. Excellent caporal, donnant en toutes circonstances l'exemple à ses hommes. A toujours fait preuve de calme et de sang-froid dans les secteurs où il se trouvait exposé à de violents bombardements. »

Sergent au 144e, 7e Compagnie.

2e *Citation : O/Division, n° 39*, du 10 août 1918 :

« Gradé consciencieux, ayant rendu de précieux services dans l'encadrement du personnel mis à la disposition de la 13e batterie du 121e R. A. L. pendant l'attaque du 15 juillet.

« A rempli brillamment son devoir sous le bombardement violent de l'ennemi. A été tué à son poste de combat. »

DUPONT Adrien,

Soldat à la 2e Compagnie du 98e R. I.

Citation : O/Régiment n° 131, du 5 juin 1915 :

« A été tué glorieusement à son poste de combat. »

—

DUPONT Eugène,

Soldat à la C. H. R., 12e Régiment d'Infanterie.

Citation : O/Régiment, n° 474, du 28 décembre 1918 :

« Bon soldat, dévoué, énergique, consciencieux. Sur le front depuis le début, a fait vaillamment son devoir au cours de la campagne. »

—

DUFFAU Joseph,

Soldat de 1re cl. au 329e d'Infanterie. 19e Compagnie.

Citation : O/Régiment, n° 510, du 26 décembre 1918 :

« Soldat courageux et dévoué. A toujours fait vaillamment son devoir, notamment au Bois-le-Prêtre en mai 1917, et le 20 juillet 1918 au Bois-du-Roi. »

—

DUFFAU Victor-Fernand,

Soldat au 42e Régiment d'Infanterie.

Citation : O/Régiment, novembre 1918 :

« Bon soldat, a toujours donné satisfaction à ses chefs. A ravitaillé son unité parfois dans des circonstances très difficiles. »

—

DUMESTRE Marcel-Marie-Eugène,

Citation : O/Armée, n° 1.654, du 26 février 1919 :

« Jeune caporal d'une très belle attitude au feu. Pendant toutes les opérations du nord de Saint-Quentin, s'est dépensé sans compter ; a toujours mené à bien les missions parfois difficiles qui lui incombaient. Ayant pris lui-même le commandement de la section par suite de la mise hors de combat de son chef, il l'a conduite avec une énergie rare, s'exposant avec un mépris absolu du danger. Blessé au cours de l'action. »

—

GELLEMUR Sylvain,

Téléphoniste au 9e d'Infanterie.

1re Citation : O/65e Brigade, n° 51, du 8 mai 1917 :

« Méprise le danger. Pendant la nuit du 17 au 18 avril 1917 a, à maintes reprises, malgré un bombardement intense, assuré la réparation de la ligne dont il était chargé. »

2e Citation : O/Régiment, n° 234, du 2 juin 1918 :

« Modèle de bravoure et d'énergie. Lors des coups de main ennemis des 27 et 28 mai 1918, a assuré la réparation des lignes téléphoniques sous de très violents bombardements. »

3e Citation : O/Division, n° 158, du 25 novembre 1918 :

« Téléphoniste courageux et intelligent. Pendant les combats sur l'Oise du 24 au 27 octobre 1918, a assuré d'une façon constante la liaison en réparant les lignes, malgré la violence du bombardement. Deux citations. »

—

GUILLOT Charles,

Chasseur de 2e cl. du 47e Bataillon, 1er Groupe de Chasseurs alpins.

1re Citation : O/Bataillon, n° 27, du 17 juin 1918 :

« Au cours des opérations du 28 mai au 12 juin 1918, a fait preuve, sous de violents bombardements de l'artillerie ennemie, de beaucoup de sang-froid en réparant à plusieurs reprises les pièces de mitrailleuses de son peloton. Très bon chasseur, plein d'énergie. »

2e Citation : O/Bataillon, n° 37, du 4 septembre 1918 :

« Le 20 août 1918, s'est porté à l'assaut des positions ennemies avec un superbe entrain ; a pris position avec sa mitrailleuse en terrain découvert et s'y est maintenu malgré de violents tirs de mitrailleuses et de rafales d'obus toxiques. »

—

LABAT Arthur-Gaston,

Brigadier au 27e Dragons.

1re Citation : O/Régiment, du 18 février 1915 :

« Pendant le service des tranchées de la Fosse Calonne, a fait preuve de beaucoup d'audace, en allant patrouiller sous le feu des sentinelles allemandes, jusqu'au réseau de fils de fer de l'ennemi. »

2e Citation : O/Division, n° 8.767, du 18 juillet 1918, au G. Q. G. : Médaille militaire conférée à l'aspirant Labat Arthur-Gaston, 22e Bataillon des Chasseurs alpins :

« Sous-officier d'une haute valeur. Au cours d'une violente attaque allemande, s'est résolument élancé à la tête de sa section au devant des fractions ennemies. A été grièvement blessé au cours du combat. »

—

LAPORTE Jean-Louis,

Soldat de 2º cl., 57ᵉ d'Infanterie, 11ᵉ Compagnie.

1ʳᵉ *Citation* : O/*Régiment*, du 25 septembre 1917 :

« Très bon soldat, courageux, donnant l'exemple du plus grand mépris du danger ; a été blessé le 23 septembre 1914 par une balle au ventre, à Craonne. »

2ᵉ *Citation* : O/*Régiment*, du 9 octobre 1918 :

Soldat brancardier au 57ᵉ d'Infanterie, 5ᵉ Compagnie.

« Brancardier des plus consciencieux. A donné des preuves de son dévouement les 1ᵉʳ et 2 septembre 1918 en allant porter secours aux blessés sous le feu violent de l'ennemi. Une citation. Une blessure antérieure. »

PASCAU Roger,

88ᵉ d'Infanterie, 5ᵉ Compagnie.

1ʳᵉ *Citation* : O/*Corps d'armée*, n° 210, du 2 mars 1917 :

« Soldat très courageux. Le 31 janvier 1917 a participé volontairement à la contre-attaque d'un petit poste où l'ennemi venait de s'infiltrer. A été blessé une fois. »

2ᵉ *Citation* : O/*Régiment*, n° 304, du 10 mars 1918 :

Soldat au 88ᵉ d'Infanterie, 2ᵉ Cⁱᵉ de mitrailleuses.

« Mitrailleur parfait, très courageux. S'est distingué dans l'attaque exécutée par l'ennemi le 2 mars, en servant sa pièce sous un violent bombardement pendant toute l'action. »

3ᵉ *Citation* : O/*Régiment*, n° 337, du 17 septembre 1918 :

« Excellent tireur, très courageux et plein de sang-froid. Pendant les journées des 2, 3, 4 et 5 septembre 1918 n'a cessé de harceler l'ennemi, observant ses mouvements et poursuivant de ses feux les groupes que l'artillerie dispersait. »

PÉCASTAING Jean-Émilien,

51ᵉ Régiment d'Infanterie, 7ᵉ Compagnie.

Citation posthume : O/*Régiment*, n° 4052, du 5 juillet 1919 :

« Bon soldat. Mort au Champ d'honneur le 8 mai 1917, à La Neuville (Marne). »

PÉCASTAING Léopold-Hippolyte-Marie-Ferdinand,

Vétérinaire-Major de 2ᵉ classe
du 2ᵉ Régiment de Cuirassiers.

Citation : O/*Brigade*, n° 85, du 17 janvier 1919 :

« Excellent chef de service, d'un zèle et d'un dévouement absolus, notamment dans les opérations de mai-juin 1918, où les bivouacs des chevaux de main et de colonne, et ceux du convoi, étaient soumis aux bombardements aériens et terrestres de l'ennemi. »

SABATHÉ Pierre,

288ᵉ d'Infanterie.

1ʳᵉ *Citation* : O/*Brigade*, n° 30, du 10 octobre 1916 :

« Pendant la période du 4 au 9 septembre 1916, a eu une très belle conduite au feu, où il a été, pour ses camarades, un exemple remarquable de calme et de sang-froid. »

2ᵉ *Citation* : O/*Régiment*, n° 173, du 11 novembre 1917 :

« Très belle attitude au cours de l'attaque du 23 octobre 1917. Malgré la pluie et la boue, malgré la violence du barrage ennemi, a atteint l'emplacement qui lui avait été fixé. »

SENGÈS Marie-Vital,

Du 144ᵉ R. T. I., 2ᵉ Bataillon de pionniers, 5ᵉ Compagnie.

Citation : O/*Régiment*, n° 14, du 27 juillet 1918 :

« Excellent soldat, ayant depuis le début de la campagne fait preuve d'abnégation et de très belle tenue au feu dans les différents secteurs occupés par la Compagnie. »

SENMARTIN Jean-Marie-David,

Instituteur de Pujo,

Sergent-Fourrier au 144ᵉ Rég. d'Infanterie Territoriale, 3ᵉ Compagnie.

Citation O/*Régiment*, n° 70, du 16 août 1917 :

« Au front depuis le début de la campagne, a toujours fait preuve d'intelligence, de dévouement, d'initiative et de courage dans les missions difficiles et périlleuses qui lui ont été confiées dans les divers secteurs occupés par la Compagnie. Le 7 décembre 1914, a fait la liaison, devant Vermelles, entre le capitaine et le chef de bataillon. Blessé à Noulette, le 25 septembre 1915, par éclats d'obus, a été soigné au poste de secours pendant une quinzaine de jours, donnant ainsi l'exemple du devoir et faisant les plus grands efforts pour assurer son service, malgré les difficultés résultant des suites de la blessure. »

TERREBONNE Isidore,

Sergent au 290ᵉ Régiment d'Infanterie, 20ᵉ Compagnie.

Citation : O/*Brigade*, n° 28, du 23 mai 1916 :

« Excellent sous-officier qui a toujours fait son devoir avec le plus grand courage et le dévouement le plus absolu ; s'est particulièrement distingué dans les journées des 5, 6, 7 mai 1916, donnant à tous le plus bel exemple de sang-froid et de bravoure. »

SAINT-LÉZER

CAMPAGNE Jean-Raoul,

2º Bataillon de Chasseurs à pied.

Citation : O/Bataillon, n° 38, du 19 novembre 1918 :

« Jeune chasseur très brave. S'est distingué par son allant au cours de l'attaque du 20 octobre 1918. A de lui-même pris le F. M. d'un camarade tué et a exécuté un tir très efficace sur l'ennemi qui contre-attaquait. »

(Croix de guerre avec étoile en bronze.)

CAUSSADE Osmin,

Maréchal-des-Logis au 57ᵉ d'Artillerie.

Citation : O/Régiment, du 26 avril 1915 :

« Sous-officier vaillant et brave, blessé à son poste de combat le 14 septembre 1914, à Perthes-les-Hurlus. Mort des suites de sa blessure. »

COSLÉDAN Maurice,

283ᵉ d'Infanterie.

Citation : O/Division (67ᵉ), du 2 octobre 1916 :

« Soldat d'une bravoure remarquable. Après avoir contribué à la prise d'une tranchée allemande, a été tué sur place en repoussant une contre-attaque. »

(La 67ᵉ Division fut citée par le Général Pétain à l'ordre de la 2ᵉ Armée.)

HERROU Jean-Félix,

Sergent à la 5ᵉ Compagnie du 144ᵉ territorial d'Infanterie.

Citation : O/Régiment, n° 5140, du 12 juillet 1919 :

« Très bon sous-officier brave et dévoué. A été tué glorieusement à l'ennemi le 2 juillet 1915. »

HERROU Siméon,

Gendarme de la 10ᵉ Légion, chef d'un poste de barrage.

Citation : O/Corps d'Armée, n° 44, du 20 juillet 1918 :

« Chef d'un poste de barrage, a été blessé par éclat d'obus pendant un tir de préparation exécuté par l'artillerie ennemie.

« Malgré sa blessure, a continué à assurer son service jusqu'à ce que, son état s'aggravant, il dut être évacué. »

LACLOTTE Adrien,

Soldat au 40ᵉ Régiment d'Infanterie, 7ᵉ Compagnie, Armée d'Orient.

Citation : O/Régiment, n° 445, du 9 juillet 1918 :

« Bon soldat ayant toujours accompli son devoir. Blessé deux fois. »

LAPÈNE Adrien,

Citation : O/Régiment. — Document perdu.

LAPÈNE Honoré,

Caporal au 144ᵉ Régiment territorial d'Infanterie, 11ᵉ Compagnie.

Citation : O/Régiment, n° 4674, du 10 juillet 1919 :

« Caporal courageux et dévoué, ayant eu au feu une belle attitude. Le 23 mai 1915 est mort glorieusement pour la France des suites de ses blessures. »

LHÉRÉTÉ Louis,

2ᵉ Canonnier servant à la 28ᵉ Batterie du 118ᵉ Régiment A. L. (Artillerie lourde), 6ᵉ Groupe de 155 long.

Citation : O/Régiment, n° 81, du 19 mai 1917 :

« Blessé le 11 avril 1917, alors qu'il continuait à servir sa pièce malgré un bombardement très violent. A fait preuve d'un calme et d'un sang-froid admirables, alors qu'on lui portait secours. »

LIZONNAT Honoré,

Soldat au 68ᵉ Régiment d'Infanterie.

1ʳᵉ Citation : O/Régiment, n° 85, du 8 septembre 1918 :

« Très bon soldat, courageux et dévoué ; s'est particulièrement bien comporté au cours de l'attaque du 25 août 1918. »

2ᵉ Citation : O/Division, n° 108 :

« Agent de liaison remarquable, brave et intelligent ; a assuré d'une façon parfaite, et malgré de violents tirs de barrage d'artillerie et de mitrailleuses, une liaison entre son commandant de compagnie et son chef de bataillon, le 14 septembre 1918. »

LIZONNAT Julien,

4ᵉ Section de Monteurs de hangars.

Citation : O/G. Q. G., du 25 avril 1918 :

« L'aide-major général, chef du service aéronautique au G. Q. G., exprime sa vive satisfaction au personnel de la 4ᵉ Section de Monteurs pour le zèle et le dévouement dont il a fait preuve pendant la période du 1ᵉʳ au 20 avril 1918, sous la direction de son chef, le lieutenant Schmit. »

—

PETIT Jean-Joseph,

Soldat au 332ᵉ Régiment d'Infanterie, 21ᵉ Compagnie.

Citation : O/Régiment, n° 1.320, de novembre 1918 :

« Bon et courageux soldat, s'est élancé bravement sous des rafales intenses de mitrailleuses. A contribué à la prise de 3 mitrailleuses. Novembre 1918. »

—

PONSAN Alfred,

Soldat au 84ᵉ Régiment d'Infanterie (Armée d'Orient).

Citation : O/Brigade, du 9 janvier 1919 :

« Belle conduite au combat, où il a été blessé à la jambe droite. »

—

PONSAN Jean-Jules,

346ᵉ Régiment d'Infanterie, 21ᵉ Compagnie.

Citation : O/Division, n° 594, du 1ᵉʳ août 1917 :

« Soldat très courageux et très dévoué. Frappé mortellement à son poste de combat au cours de l'attaque du 4 juillet 1917. »

—

PUCHEU Jean-André,

Soldat au 144ᵉ territorial d'Infanterie,
puis caporal au 31ᵉ Bataillon de Chasseurs à pied.

1ʳᵉ *Citation* : O/Régiment, n° 29, du 2 décembre 1914 :

« S'est particulièrement distingué par sa coopération à la prise du village de Vermelles, par son attitude sous le feu et la façon dont il a accompli les différentes missions qui lui ont été confiées. » (Croix de guerre).

2ᵉ *Citation* : O/Brigade, n° 54, du 30 juillet 1918 :

« Observateur infatigable. Est resté à son poste de guetteur pendant toute la durée de préparation d'artillerie du 15 juillet 1918. A fait ensuite le coup de feu sur les Allemands qui attaquaient le P. C. »

ROCH Paul,

Lieutenant au 143ᵉ d'Infanterie, au 20 septembre 1914
Capitaine, le 9 octobre 1914 à T. T.
Capitaine à titre définitif, le 3 septembre 1915
Capitaine adjudant-major le 16 mars (2ᵉ Bat. du 143ᵉ)
Chef de bataillon à T. T. du 11 septembre 1917 (7ᵉ d'Inf.)

1ʳᵉ *Citation* : O/Division, du 6 août 1915 :

« Officier qui depuis le début de la campagne s'est signalé par son courage et son magnifique entrain.

« A, le 20 août 1914 à Bisping, le 25 août à Roselieures, le 5 septembre au bois de Bareth, arrêté avec ses mitrailleuses des attaques allemandes. S'est également distingué le 2 novembre à Wyschaëte, où il a été blessé et le 9 mars au Bois Sabot. »

2ᵉ *Citation* : Nomination dans l'ordre de la Légion d'honneur, comportant la Croix de Guerre avec palme, du 3 octobre 1915 :

« Officier d'une bravoure éprouvée et d'une activité inlassable. A, le 25 septembre 1915 et les jours suivants, sans prendre aucun repos pendant trois jours et trois nuits consécutifs, conduit sa compagnie de mitrailleuses avec une intelligence et une hardiesse remarquables. »

3ᵉ *Citation* : O/Division, du 8 novembre 1915 :

« Officier d'une bravoure éprouvée, d'une activité inlassable ; a donné aux combats du Mont-Têtu, le 26 septembre et jours suivants, de nouvelles preuves de sa valeur en dirigeant, sans prendre un instant de repos, pendant trois jours et trois nuits consécutifs, sa compagnie de mitrailleuses avec audace et habileté. »

4ᵉ *Citation* : O/Armée, 22 mars 1917 :

« Au mois de mars 1917, a dirigé avec beaucoup de méthode et de décision la préparation et l'exécution d'un coup de main qui, par une pénétration hardie et rapide dans les tranchées ennemies, a permis d'infliger à celui-ci des pertes sensibles et de lui faire des prisonniers. »

5ᵉ *Citation* : O/16ᵉ Corps d'Armée, n° 241, du 21 juin 1917 :

« Officier aussi remarquable par son courage que par son sens pratique et sa prudence. A, au mois de mai 1917, et pour la seconde fois en l'espace de deux mois, dirigé avec beaucoup de méthode et de décision la préparation et l'exécution d'un coup de main hardi, qui a permis d'infliger à l'ennemi des pertes sensibles et de lui faire des prisonniers. »

6ᵉ *Citation* : O/Armée :

« A, le 5 septembre 1918, dirigé avec un entrain superbe et un sens tactique parfait, l'attaque de son bataillon et lui a fait réaliser une progression rapide et profonde dans les lignes ennemies.

« A, le même jour, fait preuve du plus beau

courage personnel en dirigeant lui-même une reconnaissance dans une zone battue par les mitrailleuses ennemies. »

SIENNE Joseph,
Soldat de 2ᵉ classe du 144ᵉ territorial d'Infanterie,
2ᵉ Compagnie de mitrailleuses.

Citation : O/Régiment, du 28 avril 1917 :

« Dans le secteur d'Ablincourt (Somme), au cours d'un violent bombardement, s'est présenté volontairement pour accomplir une mission difficile. »
« A été, de ce fait, un bel exemple dans l'unité. »

THOLUMAS Bernard-Louis,
Soldat au 118ᵉ d'Infanterie,
2ᵉ Compagnie de mitrailleuses (C. M.), 2ᵉ Bataillon.

Citation O/Régiment, du 20 octobre 1918 :

« Soldat courageux et d'une belle conduite. A servi sa pièce avec calme et sang-froid en dépit des vives réactions de l'ennemi pendant la période du 26 au 29 septembre 1918. »

VERGEZ Pierre,

Caporal au 166ᵉ Régiment d'Infanterie, 1ʳᵉ Compagnie.

Citation : O/Régiment, n° 203 bis, du 1ᵉʳ juin 1918 :

« Caporal courageux et brave. Le 30 mai 1918, l'ennemi attaquant sur tout le front du point d'appui en forces très supérieures à la garnison de chaque cloisonnement, a secondé d'une façon admirable son chef de cloisonnement en servant les armes automatiques lui-même, la plupart des hommes ayant été mis hors de combat, et a réussi à repousser l'attaque malgré un violent bombardement. »

SANOUS

MOUGOY François-Albert,
53ᵉ d'Infanterie coloniale.

Citation : O/Régiment, du 15 avril 1918 :

« Blessé à Château-Thierry le 1ᵉʳ juin 1918. Éclat d'obus à la cuisse. »

PÉDEBÉARN Abel,
258ᵉ d'Infanterie, M. D. E., 26ᵉ Batterie.

Citation : O/Régiment, n° 440, du 20 juin 1918 :

« Très bon chef de pièce, montre le premier l'exemple du devoir et de la bravoure ; a donné la preuve d'une belle crânerie le 10 juin 1918. »

PATATUT Dominique (Abbé),
Brancardier divisionnaire de la 18ᵉ Section d'Infirmiers.

Citation et médaille d'honneur d'argent (Ministère de la Guerre), du 23 décembre 1914 :

« A soigné avec le plus grand zèle et le plus grand dévouement des malades atteints d'affections contagieuses et notamment de rougeole ; est tombé grièvement malade. »

PATATUT Auguste,
272ᵉ d'Infanterie, 21ᵉ Compagnie de grenadiers.

Citation : O/Régiment, n° 902, du 8 juillet 1918 :

« Grenadier d'une très grande bravoure, toujours volontaire pour les missions périlleuses, a montré de grandes qualités guerrières au cours d'une reconnaissance exécutée en plein jour le 5 juillet 1918 vers les lignes ennemies. »

PATATUT Jean-Marie,

Gendarme à cheval de la Prévôté de la 38ᵉ Division.

Citation : O/État-Major, n° 21, du 15 juillet 1917 :

« Au front depuis le début de la campagne, a pris part à toutes les attaques de la Division, notamment à celles autour de Verdun, du 12 juin au 21 décembre 1916. Le 14 juin dernier, commandé pour reconduire en première ligne onze détenus appartenant aux Régiments d'Infanterie de la Division et à la Section de discipline, a exécuté parfaitement sa mission malgré un violent bombardement. A fait preuve en la circonstance, d'autant d'énergie que d'esprit d'initiative. »

PATATUT Honoré,
59ᵉ d'Infanterie, 6ᵉ Compagnie.

Citation : O/Armée, n° 8459 (D), le 15 juillet 1918 :
La Médaille militaire a été conférée.
« Soldat d'une bravoure à toute épreuve. Le groupe de combat dont il faisait partie étant menacé d'encerclement par l'ennemi, s'est défendu vaillamment jusqu'au moment où il a été très grièvement blessé. »
Perte de la vision de l'œil gauche.

SIARROUY

BÉTILLOU Auguste-Pierre,
14ᵉ Régiment d'Infanterie.

Citation posthume, du 1ᵉʳ octobre 1918 (Médaille militaire) :

« Merveilleux soldat, toujours volontaire pour les missions dangereuses. Glorieusement tombé le 29 mars 1915 à Perthes-les-Hurlus (Marne). Croix de guerre avec étoile de bronze. »

CAZAUX Henri,
Soldat de 2ᵉ classe au 144ᵉ Régiment d'Infanterie.

Citation : O/Régiment, nº 144, du 17 mai 1917 :

« Mitrailleur remarquable de sang-froid et de témérité. Le 8 mai 1917, au cours d'une contre-attaque ennemie, a très adroitement réglé le tir des mitrailleuses contribuant ainsi à repousser une forte attaque ennemie. »

CAZAUX Jean,
3ᵉ Régiment d'Infanterie, 3ᵉ Compagnie.

Citation : O/Régiment, nº 456, du 19 mai 1918 :
« Brave soldat. Tué à son poste de combat le 4 avril 1918. »

CLAVERIE Martial,
Soldat au 144ᵉ R. I. T., 2ᵉ Compagnie.

Citation posthume : O/Régiment, nº 5136, du 12 juillet 1919 :
« Excellent soldat. Le 14 avril 1916, à Verdun, est mort pour la France des suites de ses blessures. »

JEAN-MARIE,
3ᵉ d'Infanterie, 6ᵉ Compagnie.

1ʳᵉ *Citation :* O/Régiment, nº 77 :

« Pendant les opérations qui se sont déroulées du 11 au 21 mars 1916, a assuré un service de patrouille aide-liaison, dans lequel il a fait preuve d'un grand courage. »

2ᵉ *Citation :* O/Régiment, nº 518 :

« Agent de liaison d'un courage et d'un dévouement exemplaires. Du 4 au 15 septembre 1918, s'est dépensé sans compter dans les circonstances les plus critiques, refusant, quoique blessé au pied, d'être mis au repos avant la fin des opérations. »

JUSFORGUES Henri,
Sergent au 88ᵉ d'Infanterie, 1ʳᵉ Compagnie.

Citation : O/Division, nº 198, du 4 mai 1917 :

« Sous-officier très courageux. Blessé dans la journée du 17 avril en entraînant sa demi-section à l'assaut des positions ennemies. »

LEMOINE Jean,
Soldat de 2ᵉ classe à l. E. M. du 3ᵉ Groupe du 28ᵉ R. A. C. (D. O. I., 407ᵉ Régiment d'Infanterie).

1ʳᵉ *Citation :* O/Régiment, nº 187, du 30 octobre 1916 :
« Jeune soldat de la classe 1916, plein d'allant et d'entrain, a assuré pendant l'attaque une liaison difficile entre la Compagnie et un Bataillon voisin. »

2ᵉ *Citation :* O/Régiment, nº 601, du 13 juillet 1918 :
« Agent de liaison pendant les combats du 27 mai au 12 juin, a assuré sa mission sans défaillance dans des circonstances critiques et malgré le bombardement. »

NOGUÈS Armand,
Caporal au 30ᵉ Régiment d'Infanterie, 10ᵉ Compagnie.

1ʳᵉ *Citation :* O/Régiment, nº 73, du 10 octobre 1918 :
« Très bon soldat, brave et dévoué, s'est distingué par son courage et son entrain au cours de l'attaque du 1ᵉʳ octobre 1918. »

2ᵉ *Citation :* O/Division, nº 8, du 3 février 1919 :
« Excellent gradé ayant donné maintes preuves de son courage et de son dévouement. Blessé trois fois au cours de la campagne. S'est vaillamment comporté aux affaires de septembre et d'octobre 1918. »

TRESMONTANT Pierre-Louis,
Sous-Lieutenant au 14ᵉ d'Infanterie, 9ᵉ Compagnie.

1ʳᵉ *Citation :* O/Corps d'Armée, nº 46, du 16 janvier 1915 :
« Sous-Lieutenant Tresmontant, Pierre-Louis, chargé avec sa compagnie de déboucher d'un ouvrage pour se porter sur les tranchées ennemies, a fait preuve, dans l'organisation et dans l'accomplissement de cette mission, de sérieuses qualités militaires, de la plus grande énergie et du plus brillant courage. »

2ᵉ *Citation :* O/Corps d'Armée, nº 73, du 16 février 1915 :
« Sous-Lieutenant Tresmontant. A fait preuve des plus brillantes qualités de courage et d'entrain en enlevant énergiquement et de sa propre initiative son unité à l'assaut des tranchées allemandes, au combat du 16 février 1915. »

3ᵉ *Citation collective :* O/Régiment, nº 146, du 25 février 1915.

4ᵉ *Citation :* Promotion pour la Légion d'honneur :
Lieutenant temporaire au 207ᵉ d'Infanterie.
« Officier énergique. A toujours fait preuve de magnifiques qualités de courage et d'entrain, notamment au cours des combats du 17 avril au 8 mai 1917. Deux blessures, trois citations (Croix de guerre). »

TALAZAC

CARRÈRE Justin-Paul,
Grenadier au 212ᵉ Régiment d'Infanterie, 17ᵉ Compagnie.

Citation : O/*Régiment*, nᵒ 355, du 24 novembre 1917 :

« Grenadier d'une énergie remarquable et possédant un haut sentiment du devoir. Au front depuis trois années de 1914 à 1917, a donné en toutes circonstances l'exemple d'un dévouement inlassable et d'une vaillance digne d'éloges. »

—

DAVEZAC Paul,
Mitrailleur au 415ᵉ Régiment d'Infanterie, 8ᵉ Compagnie.

Citation : O/*Régiment*, nᵒ 713, du 23 avril 1918 :

« Jeune soldat mitrailleur plein d'allant. S'est comporté bravement pendant les journées des 29 et 30 mars 1918. Blessé à son poste de combat le 31 mars 1918. »

—

LILLE Jean-Paul,
Sapeur au 7ᵉ Génie. Compagnie 19-2/M.
colonne du sous groupe mobile de Marakech (Maroc)

Citation : O/*Division du Maroc*, du 1ᵉʳ novembre 1916 :

« Très bon sapeur, ardent et très courageux. En campagne depuis le début des hostilités, a donné de nombreuses preuves de son esprit de dévouement et de sacrifice. Très belle attitude, le 5 octobre 1915, en se portant résolument en avant, malgré un violent feu de barrage, pour occuper une position conquise et l'organiser. »

—

LILLE Léon-Jean-Marie,
Capitaine d'Infanterie Coloniale.

1ʳᵉ *Citation* : O/4ᵉ *Armée*, nᵒ 246, du 30 avril 1915, comme sergent-major :

« A fait preuve, à l'attaque des tranchées allemandes au nord de Beauséjour, d'une magnifique bravoure en pénétrant le premier dans la tranchée ennemie, sous un feu extrêmement violent et abattant les défenseurs à coups de revolver. »

2ᵉ *Citation* : O/1ᵉʳ *Corps d'Armée Colonial*, nᵒ 397, du 26 octobre 1915, comme sous-lieutenant :

« Excellent chef de section ; a lutté avec énergie contre l'ennemi retranché en deuxième ligne, le forçant à la retraite, après un violent combat à la grenade et au corps-à-corps. »

3ᵉ *Citation* : O/6ᵉ *Brigade Coloniale*, nᵒ 783, du 14 avril 1917, comme lieutenant :

« Officier d'élite ; au front depuis le début de la campagne. A, pendant les attaques de mars 1917, brillamment accompli la mission qui lui était dévolue ; en dernier lieu a participé à la conquête d'une position occupée par l'ennemi et nécessaire à l'observation de notre artillerie. S'était déjà particulièrement distingué aux attaques des 8, 9 et 10 février 1916 et juillet 1916. »

4ᵉ *Citation* : O/54ᵉ *Colonial*, nᵒ 106, du 18 août 1918, comme lieutenant :

« Lors d'un coup de main bulgare, a pris, sous un bombardement d'une extrême violence, les dispositions les plus judicieuses pour arrêter l'ennemi et l'empêcher de franchir les réseaux de son poste d'appui. A donné à tous ses subordonnés, par son attitude, un superbe exemple de calme et de bravoure, ce qui a permis à sa troupe, bien en main, d'infliger un complet insuccès à l'ennemi, qui a subi des pertes sérieuses. »

5ᵉ *Citation* : O/I. D. 17, nᵒ 12, du 6 octobre 1918, comme lieutenant :

« Officier d'une grande bravoure, qui s'est distingué déjà à plusieurs affaires. Entraîneur d'hommes. A l'attaque du Kravitchki-Kamene, le 15 septembre 1918, a manœuvré sa compagnie sous le feu des mitrailleuses et des canons lourds ennemis avec un calme parfait. A atteint tous les objectifs qui lui étaient assignés. »

—

MAURAN Adrien,
Cavalier de 2ᵉ classe, du 15ᵉ Dragons, 2ᵉ Escadron.

Citation : O/*Division*, nᵒ 265, du 17 mai 1918 :

« Le 26 avril, la plupart des hommes de sa section ayant été mis hors de combat, a résisté avec la plus grande bravoure aux attaques de l'ennemi, sous de violentes rafales de mitrailleuses. »

—

MAURAN Jean-Marie,
Caporal à la C. M. 1 du 144ᵉ territorial d'Infanterie.

Citation : O/*Régiment*, nᵒ 1, du 18 janvier 1918 :

« Au front depuis le début. Modèle de gradé dans toutes les circonstances de la vie de campagne. A toujours suivi la Compagnie sans un jour d'indisponibilité. »

CHAPITRE IV

PRISONNIERS DE GUERRE

20

VIC

NOM ET PRÉNOMS	RÉGIMENT COMPAGNIE	LIEU ET DATE DE LA CAPTURE	CAMPS DE CAPTIVITÉ	DATE DE LA LIBÉRATION
BONNECARRÈRE Auguste	Caporal au 2e Rég. de Zouaves, 72e Cie	Morhange, 20 août 1914.	Munsingen (Wurtemberg).	Évadé le 29 août 1915. Passé en Suisse le 4 septembre 1915. Rentré en France le 6 sept. 1915
CAZENAVE Jean-Paul	11e Rég. Inf., 7e Cie	Bertrix, 22 août 1914 . .	Ohrdruf-Ahlen (représailles). Russie (représailles). Verdun (représailles). Alten Grabow.	31 décembre 1918.
LAMANÈTRE Georges	18e Rég. Inf., 8e Cie	Marbain-la-Tour . . . . 23 août 1914	Alten Grabow.	31 décembre 1918.
DE SAINT-PASTOU Joseph	Capitaine au 50e R. d'Inf., 8e Cie.	St-Médard (Luxembourg-Belge), 23 août 1914, blessé.	Hanau (hôpital). Mayence. Stralsund. Gutersloh. Angustabad. Herdelberg. Constance Mézières-les-Metz (représailles).	Interné en Suisse le 20 juin 1917. Rapatrié le 20 nov. 1917.
TISNÉ Paul	83e Rég. Inf., 7e Cie	Bertrix, 23 août 1914 . .	Guben. Vahl. Chisplas.	12 janvier 1919.
DINGUIRARD Gustave	Caporal au 88e Rég. d'Inf., 8e Cie.	Angecourt (Ardennes). . 28 août 1914	Tossen. Schneidemühl.	8 janvier 1919.
LAGRANGE Victor	88e Rég. Inf., 4e Cie	Angecourt (Ardennes). . 28 août 1914	Erfürt. Langensalza.	3 janvier 1919.
CROTTES Martial	212e Rég. Inf., 2e Cie	Champenoux . . . . . 7 septembre 1914	Regensbourg. Munsingen. Ulm (Wurtemberg).	10 décembre 1918.
LAHAILLE Émile	12e Rég. Inf., 4e Cie	Craonne . . . . . . 21 septembre 1914	Darmstadt. Friedrichsfeld. Munster. Giessen.	15 novembre 1918.
CLAIRE Prosper	Capitaine au 147e Rég. d'Inf., 6e Cie.	Mezeray (Argonne) . . . nuit du 14 au 15 avril 1915	Wurtzbourg (Bavière). Ingolstadt.	4 janvier 1919.
DEVÈZE Pierre	83e Rég. Inf., 10e Cie	Roclincourt, 16 juin 1915	Douai (hôpital Ste-Clotilde). Friedrichsfeld. Mannheim. Tauberbischofsheim.	10 décembre 1918.
LAMARQUE Henri	83e Rég. Inf., 4e Cie	Arras, 16 juin 1915 . . .	Munster II.	11 décembre 1918.
LONG Émile	360e Rég. Inf., 24e Cie	Bois-le-Prêtre . . . . . 4 juillet 1915	Landau (Walz).	6 décembre 1918.
CATALY Louis	14e Rég. Inf., 4e Cie	Fontenay-aux-Charmes . 8 septembre 1915	Darmstadt. Mersebourg.	21 décembre 1918.
FONTAN Joseph	135e Rég. Inf., 3e Cie	Agny, 25 septembre 1915	Munster II. Munster III.	21 novembre 1918.

NOM et PRÉNOMS	RÉGIMENT COMPAGNIE	LIEU et DATE DE LA CAPTURE	CAMPS de CAPTIVITÉ	DATE DE LA LIBÉRATION
DUPUY Guillaume . . .	291e Rég. Inf. Ter., 7e Cie	Bois - des - Fossés (près Douaumont), 24 févr. 1916	Giessen.	3 juillet 1917. Mort à Lyon.
ANTOINE-ESTOUBIAU. . . Joseph	288e Rég. Inf., 18e Cie	Cumières, 7 mars 1916 .	Darmstadt.	13 décembre 1918
BEAUMARIÉ Louis. .	287e Rég. d'Inf., 4e sect. mitrailleuses	Côte 304 (Verdun). . . . 20 mai 1916	Giessen. Duelmen. Kommando 92.	29 novembre 1918
VEZIN Ernest.	34e Rég. Inf., 5e Cie	Fort de Douaumont . . . 26 mai 1916	Darmstadt et Tauberbisfchofsein.	26 novembre 1918
CAPDEVILLE Jean . .	417e Rég. Inf., 7e Cie	Belloy-en-Santerre. . . . 20 juillet 1916	Duelmen.	8 décembre 1918 Evadé.
ESPERBÈS Adolphe. .	212e Rég. Inf., 22e Cie	Fleury, 3 septembre 1916	Heilsberg ost Preussen. Giessen.	15 janvier 1919.
SENTUBÉRY-PAGÈS. Médéric	212e Rég. Inf., 24e Cie	Fleury, 3 septembre 1916	Parchim (Meklimbourg).	8 janvier 1919.
DUPIERRIS Paul. . .	212e Rég. Inf., 22e Cie	Vaux-Chapitre . . . . . 3 septembre 1916	Abteilung Arys (Ostyw).	26 décembre 1918
DE BARRUEL Guy . .	Sergent au 212e R. d'Inf., 23e Cie.	Vaux-Chapitre . . . . . 3 septembre 1916	Romagne. Giessen. Montfaucon. Darmstadt. Alten Grabow. Stendal. Quedlinbourg.	3 janvier 1919.
BOSC Henri	34e Rég. Inf., 17e Cie	Chemin des Dames . . . 14 juillet 1917	Giessen.	26 novembre 1918
DUCASSE Elie.	328e Rég. Inf., 19e Cie	Côte 304 (Verdun). . . . 1er août 1917	Vahn Limbourg. Darmstadt. Kalmierschütz.	17 décembre 1918 Evadé.
ARROU Cyrille. . . .	19e Rég. Inf., 7e Cie	Roye (Somme) . . . . . 26 mars 1918	Crossen-sur-l'Oder.	5 janvier 1919.
CARDEBAT Charles. .	Caporal fourrier au 148e Rég. Inf., 12e Cie	Tilloloy (Somme). . . . 27 mars 1918	Ham. Saint-Quentin. Nesles. Solente (représailles). Giessen.	4 novembre 1918 Evadé d'Erhach-sur-le Rhin (Prusse rhénane)
SERRE Charles-Lazare	148e Rég. Inf., 12e Cie	Tilloloy (Somme) . . . . 27 mars 1918	Soltau.	15 novembre 1918
LAGARRUE Raymond	18e Rég. d'Inf., Cie mitrailleuses.	Montdidier, 30 mars 1918	Ham. Saint-Quentin. Nesles. Solente (représailles). Giessen. Meschede.	22 décembre 1918
ASTUGUEVIELLE. . . Louis	Caporal au 144e R. d'Inf., 5e Cie.	Hangard-en-Santerre . . 12 avril 1918	Gustrow.	20 décembre 1918

NOM et PRÉNOMS	RÉGIMENT COMPAGNIE	LIEU et DATE DE LA CAPTURE	CAMPS de CAPTIVITÉ	DATE DE LA LIBÉRATION
MANAUTHON Gaston.	Sergent au 333e R. d'Inf., 14e Cie.	Thuin (Chemin des Dames) 27 mai 1918	Langensalza.	27 décembre 1918.
ABADIE Arthur.	264e Rég. d'Inf,, 4e Cie mitrailleuses	Forêt de Pinon 27 mai 1918	Giessen. Lansdorf. Neuhammer.	20 décembre 1918.
DADET Léon.	Sergent au 34e Rég. d'Inf., 10e Cie.	Secteur Montdidier 9 juin 1918	Cassel.	23 novembre 1918.
CHARRIÈRE Raphaël.	12e Rég. Inf., Ce Cie	Chevincourt (Oise) 11 juin 1918	Lazaret de Limbourg.	
BOURDA Bernard.	Sergent fourrier au 317e Rég. Inf., 18e Cie	Vandières-sous-Châtillon (Marne), 15 juillet 1918	Cassel. Crossen-sur-l'Oder.	7 janvier 1919.
MENJELOU Yves.	17e Rég. Inf., 3e Cie	Mont-Saint-Hilaire 15 juillet 1918	Abords du front (représailles). Vouziers. Sedan. Charleville. Bazeilles. Bertrix. Neufchâteau. Saint-Wilh.	5 décembre 1918.

ANDREST

NOM et PRÉNOMS	RÉGIMENT COMPAGNIE	LIEU et DATE DE LA CAPTURE	CAMPS de CAPTIVITÉ	DATE DE LA LIBÉRATION
PUJO Clément-Alphonse	Sergent infirmier, 7e R. Inf. Col., 6e Cie	St-Vincent (Belgique) 22 août 1914	Ohrdruf (Thuringe). Ahlen-Falkenbergermoor (Hanovre). Rakischki (Popertyne). Vistenberg. Merseburg (Saxe). Mannheim (Bade).	21 juillet 1917.
SETZE Jean-Adolphe.	12e Rég. Inf., 1re Cie	Près Craonne 21 septembre 1914	Cassel. Heuber. Mannheim.	7 décembre 1918.
TURON Gustave.	Caporal au 18e R. I., C. H. R., 2e sect. m.	A la Creute. 25 janvier 1915	Limbourg. Celle. Meyembourg. Soltau. Darmstadt.	5 décembre 1918.
LAPORTE Paul.	14e Rég. Inf., 9e Cie	En Argonne 8 septembre 1815	Munster.	12 décembre 1918.
FONTAN. Pierre-Alfred	214e R. Inf., 18e Cie	Courcy. 29 septembre 1917	Limbourg.	26 novembre 1918.
SARTHOU Eugène.	118e Rég. d'Art., 8e Batterie.	Allemant, entre Pinon et Laffaux (Aisne). 27 mai 1918	Cassel. Friedrichsfeld. Munster II.	26 décembre 1918.

NOM ET PRÉNOMS	RÉGIMENT COMPAGNIE	LIEU ET DATE DE LA CAPTURE	CAMPS DE CAPTIVITÉ	DATE DE LA LIBÉRATION

ARTAGNAN

NOM ET PRÉNOMS	RÉGIMENT COMPAGNIE	LIEU ET DATE DE LA CAPTURE	CAMPS DE CAPTIVITÉ	DATE DE LA LIBÉRATION
CASSOULET. Jean-Marie-Ulysse	83e Rég. Inf., 7e Cie	Champenoux 28 août 1914	Mersebourg.	8 janvier 1919.
LOMBARD Germain	212e R. Inf., 22e Cie	Champenoux 7 septembre 1914	Regensburg. Envoyé comme ouvrier agricole à Harling-Degrindorp et Egmund.	17 juillet 1918. (Échange de prisonniers malades.)
DESTOURNES Alban	34e R. Inf., 17e Cie	Fort Douaumont 24 mai 1916	Schneidemühl.	8 janvier 1919.
LOMBARD Jérôme	219e Rég. d'Inf.	Lassigny (Oise) 8 janvier 1917	Stammlager. Limbourg.	20 novembre 1918.
LOMBARD Joseph	214e R. Inf., 19e Cie	Vieil-Arcy (Aisne) 27 mai 1918	Stammlager. Gardelegen. Franzosen Kommando 32.	15 novembre 1918.
MAUMUS Joseph	144e R. d'Inf. ter., 2e Cie mitrailleuses	Loupeigne (Aisne) 29 mai 1918	Gardelegen.	14 novembre 1918.
DUJAC Ferdinand	281e R. Inf., 15e Cie	Morthemer (Oise) 9 juin 1918	Friedrichsfeld. Franzosen Kommando 56.	10 novembre 1918.
DAUNINE Eusèbe	131e Rég. d'Inf., 3e Cie mitrailleuses	Varenne (Marne) 15 juillet 1918	Lansdorf.	2 janvier 1919.

CAIXON

NOM ET PRÉNOMS	RÉGIMENT COMPAGNIE	LIEU ET DATE DE LA CAPTURE	CAMPS DE CAPTIVITÉ	DATE DE LA LIBÉRATION
CAMBLAT Léon	Sergent-major au 104e R. Inf., 12 Cie	Ethe (Belgique) 22 août 1914	Giessen. Meschède.	15 décembre 1918, du camp. 21 décembre 1918, d'Allemagne.
MANESCAU Léon-Paul-Rolland	144e R. Inf., 2e Cie	Charleroi, 24 août 1914	Zerbst. Munscheberg. Cotthus. Hameln.	25 décembre 1918.
BRAVET. Jean-Marie-Louis	88e R. Inf., 1re Cie	St-Florentin 26 septembre 1914	Giessen. Meschède. Stuttgart. Munsingen. Ulm.	17 décembre 1918.
ESPERBET Joseph	234e R. Inf., 22e Cie	Chemin-des-Dames 31 juillet 1917	Munster. Senheim.	12 décembre 1918.
CÉRÈS Camille	118e R. Inf., 7e Cie	Chemin-des-Dames 27 mai 1918	Kommando 19.	4 décembre 1918.

NOM et PRÉNOMS	RÉGIMENT COMPAGNIE	LIEU et DATE DE LA CAPTURE	CAMPS de CAPTIVITÉ	DATE DE LA LIBÉRATION
DIDIER Paul	21e Bat. Chasseurs à pied, 7e Cie.	Courlandon (près Fisme), 28 mai 1918	Neuhammer. Gardelégen.	28 décembre 1918.
DUPIERRIS Louis	131e Rég. d'Inf., 3e Cie mitrailleuses	Entre Montdidier et Noyon, 9 juin 1918	Territoire français envahi.	12 novembre 1918.

CAMALÈS

NOM et PRÉNOMS	RÉGIMENT COMPAGNIE	LIEU et DATE DE LA CAPTURE	CAMPS de CAPTIVITÉ	DATE DE LA LIBÉRATION
DAMPHLOUS Paul	88e R. d'Inf., 4e Cie	Angecourt (Ardennes), 28 août 1914	Jossen. Schneidemühl. Neuhammer. Lamsdorf.	25 décembre 1918.
BACQUÉ Jean-Louis	212e R. Inf., 23e Cie	Fleury, 3 septembre 1916	Giessen. Parchim. Gustrow,	1er janvier 1919.
GARDÈRES Fernand	111e R. Art. lourde, 3e Cie.	Chemin-des-Dames, 27 mai 1918.	Langeusalza. Munster. Stuttgart.	3 janvier 1919.
CRABOT Louis	33e R. d'Inf., 1re Cie mitrailleuses.	Chandun (Aisne), 2 juin 1918	Kalmierschütz.	6 janvier 1919.
LARTIGOU Michel-Émile	10e Hussards, détaché au 54e R. d'Inf.	Missy-aux-Bois (Aisne), 3 juin 1918	Gardelengen.	10 novembre 1918.

MARSAC

NOM et PRÉNOMS	RÉGIMENT COMPAGNIE	LIEU et DATE DE LA CAPTURE	CAMPS de CAPTIVITÉ	DATE DE LA LIBÉRATION
CUBÈRES Pierre	7e Rég. Inf. Colon., 11e Cie.	Marne, 8 septembre 1914	Bayreuth (Bavière).	27 décembre 1918.
SAVE François	118e Rég. Inf., 9e Cie	Plateau de Vauclair, 27 mai 1918	Gardelegen.	12 novembre 1918.
CARRILLON Marcelin	144e Rég. Inf., 6e Cie	Loupeigne, 29 mai 1918	Gardelegen.	15 novembre 1918.

VILLENAVE de MARSAC

NOM et PRÉNOMS	RÉGIMENT COMPAGNIE	LIEU et DATE DE LA CAPTURE	CAMPS de CAPTIVITÉ	DATE DE LA LIBÉRATION
LAPORTE Adolphe	Caporal au 62e Rég. d'Inf., 9e Cie.	Chemin des Dames (grotte de Madagascar), 27 mai 1918.	Friedrichsfeld.	29 novembre 1918.

NOUILHAN

NOM ET PRÉNOMS	RÉGIMENT COMPAGNIE	LIEU ET DATE DE LA CAPTURE	CAMPS DE CAPTIVITÉ	DATE DE LA LIBÉRATION
LANARTIG Julien . . .	12e Rég.Inf., 1re Cie	Craonne . . . . 21 septembre 1914	Cassel. Alten Grabow.	3 janvier 1919.
MOUNOU Édouard . .	Caporal au 212e R. d'Inf., 23e Cie.	Fleury, 3 septembre 1916	Wahl. Cottbus. Francfort-sur-l'Oder.	12 janvier 1919.
LABADIE Marcel . . .	Sergent au 150e R. d'Inf., 3e Cie.	Romigny, 1er juin 1918. .	Lansdorf.	4 décembre 1918. Évadé le 16 nov. 1918 par l'Autriche et l'Italie.
PIC Paul.	Caporal au 12e Rég. d'Inf., 1re Cie.	Marest-sur-Matz. . . . . 10 juin 1918	Konigsbrück.	30 novembre 1918.

PUJO

NOM ET PRÉNOMS	RÉGIMENT COMPAGNIE	LIEU ET DATE DE LA CAPTURE	CAMPS DE CAPTIVITÉ	DATE DE LA LIBÉRATION
CAUSSADE Pascal . .	257e Rég.Inf., 18e Cie	Viviers (Lorraine). . . . 20 août 1914	Grafenwor. Amberg. Parchim. Landshut.	19 décembre 1918.
COSTA Jacques. . . .	Sergent au 18e Rég. d'Inf., 3e Cie.	Ville-au-Bois (Aisne) . . 16 septembre 1914	Erfürt. Wiesmoor. Langalsaza. Ohrdrüf. Mannheim.	21 juillet 1917.
SIOT Félix.	18e Rég.Inf., 12e Cie	Craonne, 25 janvier 1915.	Limbourg. Mèdc. Stuttgart. Egolsheim.	25 novembre 1918.
TEULÉ Maurice. . .	276e Rég.Inf., 20e Cie	Ville-au-Bois (Aisne) . . 10 mars 1916	Munster.	3 décembre 1918.
PANTALACCI . . . . Alexandre	289e Rég.Inf., 24e Cie	Ville-au-Bois (Aisne) . . 25 avril 1916	Wahl. Trèves.	7 décembre 1918.

SAINT-LÉZER

NOM ET PRÉNOMS	RÉGIMENT COMPAGNIE	LIEU ET DATE DE LA CAPTURE	CAMPS DE CAPTIVITÉ	DATE DE LA LIBÉRATION
PONSAN Alfred. . .	84e Rég. Inf., 2e Cie	Kovanek, près Guevgely (Macédoine), 11 déc. 1915.	Philippopoli. Lom Palanca. Sofia.	24 octobre 1918.
TROUILLÉ Joseph . .	42e Rég. Inf., 5e Cie	Bois de Caurrières . . . 25 février 1916	Worms. Mannheim. Kalmierschütz. Gorlitz. Sagan.	18 décembre 1918.

NOM et PRÉNOMS	RÉGIMENT COMPAGNIE	LIEU et DATE DE LA CAPTURE	CAMPS DE CAPTIVITÉ	DATE DE LA LIBÉRATION
DURDOS Fernand . .	212e R. Inf., 6e Cie mitrailleuses.	Bois Fumin (sect. Verdun) 3 septembre 1916	Deustch-Eck (Meuse). Giessen. Stralkovo.	4 décembre 1918.
TEULÉ Pascal . . .	212e R. Inf., 22e Cie	Bois-Vaux-Chapitre. . . 3 septembre 1916	Billy (Meuse). Spincourt (Meuse). Giessen. Parchim. Augustabad. Gustrow.	22 décembre 1918.
VERGEZ Joseph . . .	Caporal au 166e R. d'Inf., 1re Cie.	Aux Monts de Champagne 15 juillet 1918	Junéville (France). Cassel.	6 janvier 1919.
TEULÉ . . . . Ambroise-Théodose	Sergent au 317e R. d'Inf., 6e Cie mitr.	Vandières (Marne). . . 15 juillet 1918	Goussancourt. Fismes. Laon. Fourmies. Hirson (France). Giessen. Lagensalza. Friedrischsfeld.	31 décembre 1918.

SANOUS

NOM et PRÉNOMS	RÉGIMENT COMPAGNIE	LIEU et DATE DE LA CAPTURE	CAMPS DE CAPTIVITÉ	DATE DE LA LIBÉRATION
BRUNE Alphonse . .	212e R. Inf., 6e Cie mitrailleuses.	Vaux-Chapitre. . . . 3 septembre 1916	Giessen. Stendal. Mersebourg.	6 janvier 1919.

SIARROUY

NOM et PRÉNOMS	RÉGIMENT COMPAGNIE	LIEU et DATE DE LA CAPTURE	CAMPS DE CAPTIVITÉ	DATE DE LA LIBÉRATION
CAZAUX Albert . . .	212e R. Inf., 23e Cie	Verdun. Vaux-Chapitre. . 3 septembre 1916	Giessen. Parchim. Gustrow.	7 janvier 1919.
MOURRAT Joseph . .	212e R. Inf., 24e Cie	Bois-Chapitre (Verdun). 3 septembre 1916	Butlow (Poméranie).	10 janvier 1919.
GUICHOT Joseph . . .	7e Rég. Inf., 10e Cie	Hangard (Somme). . . 24 avril 1918	Langensalza.	30 décembre 1918.
BÉTILLOU Pascal . .	Caporal sanitaire au 144e Rég. Inf., 1er Bataillon.	Missy-au-Bois . . . . . 3 juin 1918	Gardelagen. Mersebourg.	7 janvier 1919.

TALAZAC

NOM et PRÉNOMS	RÉGIMENT COMPAGNIE	LIEU et DATE DE LA CAPTURE	CAMPS DE CAPTIVITÉ	DATE DE LA LIBÉRATION
FONTAN Lucien . . .	12e R. Inf., 3e Cie	Plateau de Craonne. . . 21 septembre 1914	Darmstadt. Mersebourg. Hameln. Wiesmoor (Nord).	7 janvier 1919.

TABLE DES MATIÈRES

Tarbes, imp. Lesbordes rue Péré, 3.

www.ingramcontent.com/pod-product-compliance
Ingram Content Group UK Ltd.
Pitfield, Milton Keynes, MK11 3LW, UK
UKHW022034070726
13613UKWH00002B/522